MERIAN *aktiv*

Wallis

Jonas Morgenthaler

Erläuterung der Symbole

 Restaurant

 Museum, Galerie

 Wandern, Spazieren

 Radeln

 Zoo, Tiergehege, Reiten

 Besichtigung

 Theater, Veranstaltung

 Wasseraktivitäten

 Tipps für Kids

 Sport & Fitness

 Freizeit-/Activitypark

 Shopping

für Regentage

Inhalt

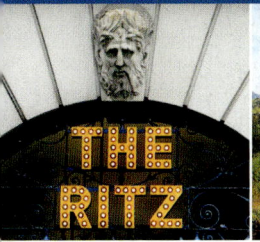  

Inhalt

70 Ausflüge bietet dieser MERIAN *aktiv*. Manche Touren führen dabei bewusst über die Grenzen des Kantons Wallis hinaus, denn landschaftliche Schönheit endet nicht an geografischen Grenzen. Die Redaktion wünscht viel Vergnügen bei der Auswahl Ihrer Tour.

Das Wallis
stellt sich vor

von links nach rechts:

Häuserfassaden in Lausanne ▸ S. 107

Safranblüte in Mund ▸ S. 32

Walliserin in alter Walser Tracht ▸ S. 42

Stadtansicht von Sion ▸ S. 72

Schnee, so weit das Auge reicht: Gletscherpanorama bei Zermatt.

Nennt mir das Land, so wunderschön ...

Wallis – das heißt nichts anderes als Tal. Die Römer eroberten das Gebiet ab 57 v. Chr. und nannten es Vallis Poenina, als sie es rund 90 Jahre später zur Provinz erhoben. Tatsächlich entspricht der Schweizer Kanton Wallis ungefähr dem Rhonetal mit seinen vielen Seitentälern. Er liegt mitten in den Alpen und war dadurch schon immer strategisch von Bedeutung: Wer dieses Gebiet beherrschte, kontrollierte auch die wichtigen Handelswege über die Pässe. Doch es lohnt sich, im Transitland Wallis länger zu verweilen. Vor allem die Engländer haben das schon im 19. Jh. erkannt, bestiegen – in Begleitung ortskundiger Führer – die hohen Gipfel und logierten in stattlichen Hotels. Und auch heute kommen die Besucher immer noch in erster Linie, um die einzigartige Walliser Natur zu genießen. Die ist spektakulär – voller überraschender Panoramablicke. Man kann sich kaum sattsehen an den Bergen, muss ständig hinauf-schauen zu den steilen Felswänden und den schneegepuderten 40 Viertausendergipfeln.

Die Reiseprospekte lügen nicht, es gibt sie tatsächlich, die Postkartenidyllen: eine sattgrüne Wiese, auf der Kühe grasen, dahinter einige sonnengegerbte Holzchalets und das rot glühende Gebirge im Abendlicht. Man denke nur an das Matterhorn oberhalb von Zermatt: schlicht und einfach ein Berg mit perfekter Silhouette. Diese Seite des Wallis ist zwar besonders pittoresk, aber bei Weitem nicht die einzige. So lässt es sich in Sion, der Hauptstadt des Kantons, an lauen Sommerabenden prima durch die mittelalterlichen Gässchen flanieren, um danach auf ein Gläschen Wein einzukehren. Die Reben wachsen hier nur wenige Hundert Meter vom Stadtzentrum entfernt. Und dort, wo sich die Rhoneebene im Unterwallis weit zum Genfer See hin öffnet, entspricht

das Wallis so gar nicht dem Klischee eines urigen Alpenkantons mit pfeiferauchenden, bärtigen Bauern. Da gibt es Aprikosenzucht und Industrie: Der Schweizer Kanton lebt und wirtschaftet – und entwickelt sich dabei stets weiter.

Die Natur ist mal wild und rau, mal lieblich und sanft. Mal wirken die Gipfel weit entfernt, mal zum Greifen nah. Und während im Hochgebirge oft nur wenige Grasbüschel der Kälte trotzen, reifen unten im Tal die Früchte in der flimmernden Sommerhitze. So vielfältig wie die Landschaft sind auch die Freizeitaktivitäten, die sich in der Region für Urlauber und Ausflügler bieten. Wer das Wallis zum allerersten Mal bereist, sollte bestimmte Dinge nicht verpassen. Einmal zumindest muss man hinauf, ganz nach oben, egal ob zu einem Gipfel oder Aussichtspunkt. Das ist nicht zwangsläufig anstrengend, vielerorts fahren Bahnen hinauf. Eine der schönsten Fahrten ist die mit der Gornergrat Bahn. Seit über

Gletscher und Wein

100 Jahren bringt das Zahnradgefährt Besucher aus aller Welt auf die Felsformation. Der Blick von hier oben ist eine epische Komposition aus Himmel, Bergen und Eis. Auch der erste Viertausender ist im Wallis kein Problem. Von einem erfahrenen Bergführer begleitet, ist die Besteigung durchaus auch für routinierte Wanderer machbar, insbesondere am Allalinhorn oberhalb von Saas-Fee, wo eine Bergbahn zur Überwindung der ersten Höhenmeter dient.

Ein weiteres Muss sind die gewaltigen Gletscher. Wer den längsten Eisstrom der Alpen, den 23 km messenden Aletschgletscher, einmal gesehen hat, wird ihn nie wieder vergessen. Vom Aletschwald aus ist besonders gut zu sehen, in welchen Windungen sich der starre Eisfluss ins Tal schlängelt – an manchen Stellen einen Meter pro Tag! Wer einmal seinen Fuß auf die rissige Mondlandschaft setzen will, muss kein Bergsteiger sein: Von der

9

Raclette ist ein altes Bauernrezept aus den Walliser Bergen.

Bettmeralp starten regelmäßig Entdeckungstouren aufs Eis.

Die meisten Besucher begrüßt das Wallis in der Wintersaison – die Region eignet sich optimal für einen Wintersporturlaub. Viele der Skigebiete sind weltberühmt, allen voran Zermatt, aber auch der mondäne Kurort Crans-Montana und die Extremsport-Hochburg Verbier. Doch das Wallis ist im Sommer genauso attraktiv – sei es zum Wandern oder um in einem kleinen Bergdorf die ruhige Atmosphäre und die gute Luft zu genießen. Abenteuerlustige drängt es aber meist schnell zum Aufbruch, denn das Angebot ist groß und reicht von der Canyoningtour über Gleitschirmfliegen bis zu Klettersteigen. Ehe sie sichs versehen, hängen die Neugierigen in der Luft, kleben an einem Felsen oder balancieren über einen schmalen Pfad am Abgrund vorbei – natürlich immer gut gesichert. Entspannter ist da der Weinlehrpfad zwischen Sierre und Salgesch, vor und nach dessen Begehung sich problemlos noch das eine oder andere Gläschen Walliser Wein genießen lässt. Auch in dieser Hinsicht gibt es viel zu entdecken, z.B. alte einheimische Rebsorten wie den kräftigen Humagne Rouge oder den vielschichtigen Petite Arvine.

Und die Kultur? Daran wandern die meisten vorbei. Dabei hat das Wallis eine reiche Geschichte, es gibt hervorragende Musikfestivals und einige sehenswerte Museen, insbesondere die Fondation Pierre Gianadda. Dieses Museum kennen Kunstfreunde in aller Welt, obwohl es im Walliser Provinzstädtchen Martigny liegt. In dem eigenwilligen Betonbau gibt es Ausstellungen zu sehen, für die man sonst nach Russland oder New York reisen muss. Und im frei zugänglichen Garten spazieren die Gäste zwischen Skulpturen von Rodin, Arp und Chillida. Zur Kultur gehören auch die Eigenheiten der Walliser selbst. Wobei im Kanton gleich zwei Sprachen zu Hause sind und es »die« Walliser eigentlich gar nicht gibt. Im Oberwallis sprechen alle Walliserdeutsch. Der schwungvolle, melodiöse Schweizer Dialekt geht auf die Alemannen zurück, die ab 800 den oberen Teil des Rhonetals besiedelten. Im Unterwallis hingegen herrschen nach den Burgunderkönigen die französischsprachigen Grafen von Savoyen. Immer wieder kam es zwischen den beiden Teilregionen des Wallis zu Auseinandersetzungen. 300 Jahre lang dominierten die Oberwalliser Herrscher den französischsprachigen Teil des Tals, das geistert in so manchem Kopf bis heute herum. Erst 1815 tritt das Wallis der Schweizerischen Eidgenossenschaft bei – als ein zweisprachiger Kanton mit zwei rechtlich gleichgestellten Teilen. Was die Walliser vereint, ist höchstwahrscheinlich ihre Eigenwilligkeit. Oft haben sie ihre eigene Politik gemacht, unabhängig davon, was die restliche Schweiz darüber gesagt hat. Auch eine unterwürfige Hilfsbereitschaft

Grüezi und Bonjour

wird der Tourist hier selten finden – eher einen reservierten Blick. Wer sich aber etwas Zeit nimmt und sich auf die manchmal etwas raue Art der Walliser einlässt, trifft dafür auf ungeheuchelte und aufrichtige Gastfreundschaft.

Genießen Sie die vielen Seiten des Wallis: Machen Sie einen Spaziergang durch die Weinreben im Unterwallis, probieren Sie das Käsegericht Raclette und die anderen schmackhaften Gerichte der Region, fahren Sie mit dem Schiff über den Genfer See, reisen Sie zu den Hunden auf den Großen Sankt Bernhard, und vor allem: Schauen Sie nach oben! Die Berge sehen zu jeder Tageszeit anders aus.

Schweiz ahoi: Ein Zipfel des Wallis reicht bis zum Genfer See.

70 Ausflüge für Freizeit und Kultur im Wallis

Ein befestigter Holzsteg führt in die Eisgrotte des Rhonegletschers.

Hinein ins blau schimmernde Eis

Ganz oben im Wallis wartet ein kalter Riese: der Rhonegletscher, dem der gleichnamige Fluss entspringt. Doch der stolze Gletscher schmilzt immer schneller weg. Im 19. Jh. lasen die Reisenden noch von einem »gewaltigen, zu Eis gewordenen Wasserfall«, den sie vom Ort Gletsch aus bestaunen konnten. Heute ist die Eiszunge von hier aus kaum mehr zu sehen, nur ihre früheren Umrisse sind anhand der Vegetation noch erkennbar. Per Auto, Motorrad oder Postauto ist der Gletscher über die Furkastraße Richtung Uri schnell erreicht. Auf 2300 m Höhe, neben dem Hotel Belvédère, gibt es einen Parkplatz und einen Kiosk. Wer dort das Eintrittsgeld bezahlt, kann bis an den Gletscher heran- und sogar in ihn hineinlaufen. Seit über 100 Jahren wird jedes Jahr eine etwa 100 m lange Grotte ins Eis geschlagen. Der Gletscher, dessen Oberfläche eher weißgrau und schmutzig aussieht, leuchtet in seinem Inneren in magischen Blautönen.

KARTE ▶ F1

Was: Eisgrotte im Rhonegletscher
Wo: Belvédère am Furkapass, Tel. 027 / 924 38 24
Wann: Juni–Mitte Okt., tgl. 8–18 Uhr, im Hochsommer bis 19.30 Uhr

Wie viel: 7 Sfr, Jugendliche bis 18 Jahre und Studenten 5 Sfr, Kinder von sechs bis zwölf Jahren 3 Sfr
Essen & Trinken: Hotel Restaurant Belvédère. Im alten Teil des Hauses gibt es schöne Zimmer mit überwältigender Sicht ins Tal.
Web: www.gletscher.ch; Fahrplan für das Postauto von Oberwald: www.sbb.ch

Mit Volldampf ins Alpenpanorama

Bei Oberwald fährt der Glacier Express auf seinem Weg von Zermatt nach St. Moritz in den dunklen Tunnel hinein – und verlässt ihn erst nach 15 km bei Realp im Kanton Uri wieder. Seit der Basistunnel 1982 eröffnet wurde, bekommen die Passagiere des weltberühmten Panoramazugs nichts mehr von der alpinen Landschaft rund um den Rhonegletscher zu sehen.

Zum Glück retteten engagierte Eisenbahnliebhaber die alte Bergstrecke über den Pass und sorgen dafür, dass auf ihr wieder regelmäßig Museumszüge fahren. In Vietnam stießen sie auf die Original-Dampfloks, die die Schweiz in den 1940er-Jahren nach Asien verkauft hatte. Obwohl die vietnamesischen Behörden Schwierigkeiten machten und eine zu schwache Brücke den Rücktransport fast scheitern ließ, gelang es, die Gefährte

1990 wieder ins Wallis zu holen und zwischen Realp und Gletsch einzusetzen. Im Sommer 2010 konnte der Verein auch das letzte Teilstück zwischen Gletsch und Oberwald einweihen. Nun schnaufen die alten Loks im Sommer wieder über die knapp 18 km lange Strecke. Von Oberwald bis zum kurzen Tunnel unterhalb des Furkapasses überwinden sie 800 Höhenmeter, ehe sie über Tiefenbach nach Realp hinunterrollen.

Eine Dampflok auf ihrem Weg über den Furkapass.

KARTE ▶ F1

Was: Fahrt mit der Dampflok auf der Furka-Bergstrecke
Wo: von Oberwald (Wallis) oder Realp (Uri)
Wann: Ende Juni–Anfang Okt.

Wie viel: einfache Fahrt von Oberwald nach Realp: 73 Sfr (2. Kl.), 121 Sfr (1. Kl.), Hin- und Rückfahrt 121 Sfr (2. Kl.), 200 Sfr (1 Kl.)

Web: www.furka-bergstrecke.ch
Sonstiges: Eine Reservierung ist obligatorisch (www.dfb.ch/reisedienst). Weitere Infos: Tel. 08 48 00 01 44

Genussvoll aufregender Paddelspaß

Rafting, ist das nicht diese gefährliche Sportart mitten im reißenden Wildbach? Nicht unbedingt. Im Obergoms bietet Garbely Adventure Schlauchbootfahrten auf der jungen Rhone an. Und die sind sogar für Kinder geeignet – der bisher jüngste Passagier war gerade mal vier Jahre alt! Einzige Bedingung: Mindestens sechs Passagiere müssen an der Tour teilnehmen. Sie beginnt in Oberwald, einem der nordöstlichsten Dörfer im Rhonetal. Während der Fahrt schaukelt das Boot oft ruhig auf dem Gletscherfluss das sanfte Obergoms hinab. Dann bleibt Zeit, um die frische Luft und das Gurgeln des Wassers zu genießen, während Wälder und Wiesen langsam vorbeiziehen. Manchmal müssen die Passagiere aber auch eifrig paddeln, um eine Kurve zu kriegen oder einem Felsen im Wasser auszuweichen. Denn auch wenn die Strömung nicht so reißend ist wie bei einem Bergbach, hat sie doch Kraft und darf nicht unterschätzt werden.

Angst braucht jedoch niemand zu haben. Ein Guide sitzt mit im Boot, und zudem sorgen Helm und Schwimmweste für Sicherheit. Der Outdoor-Anbieter besitzt darüber hinaus das Siegel der Schweizer Stiftung »Safety in Adventures« und wird jedes Jahr auf sein Sicherheitskonzept geprüft. Frieren muss ebenfalls keiner: Neoprenanzüge und -schuhe garantieren die nötige Grundwärme. Die etwa 1,5 Stunden dauernde Fahrt endet 14 km flussabwärts in Gluringen.

Die Rhonefahrten sind nicht nur mit großen Raftingbooten möglich, sondern auch mit »Fun Yaks«. Die

---

KARTE ▶ F1

Was: Riverrafting auf der Rhone
Wo: Garbely Adventure, In den Lussen, 3999 Oberwald, Tel. 027 / 973 25 75
Wann: Mai–Sept.

Wie viel: Erwachsene ca. 95 Sfr, Kinder bis 15 Jahre ca. 75 Sfr
Essen & Trinken: Bekannt für superbe regionale, aber auch für mediterrane Gerichte ist in Oberwald

das Restaurant im Hotel Ahorni, Hinterdorf 3, Tel. 027 / 973 20 10, www.ahorni.ch.
Web: www.garbely-adventure.ch

Steuern mit Muskelkraft,
Antrieb durch Wasserkraft:
Rafting auf der Rhone.

kajakähnlichen Schlauchboote werden von den Gästen alleine oder zu zweit gesteuert. Zwar beobachten auch hier Guides die Paddeltechniken und Navigationskünste der Gäste, die diese vorher in einem kurzen Einführungskurs gelernt haben. Doch es ist durchaus möglich, dass die Boote mal umkippen und die Passagiere ins Gefährt zurückklettern müssen. Ausflüge mit dem »Fun Yak« sind bei Garbely Adventure ab zwei Personen und in zwei Varianten möglich: eine gemäßigtere führt von Oberwald nach Geschinen, eine anspruchsvollere von Ulrichen nach Gluringen. Der Rücktransport der Boote und Fahrer ist inklusive, und am Ende gibt es einen Imbiss.

Wer will, kann den Ausflug mit einem Barbecue oder Raclette krönen – auch das organisiert der umtriebige Veranstalter.

Sonstiges: Das perfekte Event für einen Kindergeburtstag: Ab sieben Kindern bietet Garbely Adventure auch ein fünf- bis sechsstündiges Piratenfest mit Floßbau und Fahrt auf dem See bei Geschinen an. Darüber hinaus organisiert der Veranstalter Firmenevents wie Teambuilding und zahlreiche weitere sportliche Aktivitäten, u. a. Mountainbike- und Nordic-Walking-Touren sowie Langlaufkurse.

Mit kleinem Helfer flink den Berg hinauf

Flyer – das klingt nach fliegen. Und tatsächlich fühlt es sich auch fast so an. Flyer ist ein E-Bike aus der Schweiz, ein mit einem kleinen Elektromotor ausgestattets Fahrrad. Der leise Helfer sorgt dafür, dass man auf ebenen Strecken mühelos und bei Bedarf auch mit ganz beachtlichem Tempo unterwegs ist. Selbst Steigungen, die jedem Fahrradfahrer die Schweißperlen ins Gesicht treiben, sind mit dem Flyer im Nu überwunden.

Einen Haken hat die Sache allerdings: Wenn der Akku des Flyers leer ist, fühlt sich das Schweizer E-Bike plötzlich so schwer an, wie es ist. Sofort wird das Fahren ziemlich anstrengend. In der Umgebung von Orten, in denen Flyer gemietet werden können, gibt es daher zahlreiche Tauschstationen. Dort geben die Radler den leeren Akku ab und erhalten kostenlos einen vollen zurück.

Das Goms, der oberste Talabschnitt des Wallis, ist eine für Flyer prädestinierte Region. Die Fremdenverkehrsämter halten ausgesuchte Tourenvorschläge bereit. Eine gemütliche und problemlos zu bewältigende Variante führt von Blitzingen nach Binn und wieder zurück (insgesamt 33 km). Die Fahrtzeit beträgt pro Wegstrecke rund 90 Minuten. Dank der lohnenden Zwischenstopps wird jedoch sehr schnell ein Tagesausflug daraus. Auf dem Weg bleibt den Radlern aber genügend Puste, um die Natur und das Vogelgezwitscher zu genießen. Insgesamt 440 Höhenmeter werden nach und nach gemütlich überwunden.

Über Niederwald führt der schöne Weg an der Rhone entlang vorbei an der Dorfkapelle von Steinhaus (18. Jh.) nach Mühlebach. In dem kleinen Weiler sollte man sich eine kurze Pause gönnen und die sonnengegerbten Häuser betrachten: Mühlebach besitzt den ältesten Dorfkern der Schweiz – zumindest in Holzbauweise.

Kurz darauf ist schon Ernen erreicht. Hier lohnt sich ein ausgedehnter Zwischenhalt, das Dorf gehört zu den schönsten im Wallis. Es trägt den Beinamen »Musikdorf«, da hier jedes Jahr international renommierte Festivals für klassische Musik stattfinden.

Sehenswert sind mehrere Gebäude aus dem 16. Jh.: die stolze Pfarrkir-

---

KARTE ▶ F2

Was: E-Bike-Tour im Goms bzw. auf den Furkapass
Wo: Goms, Infos bei Welcome Center Ernen, 3995 Ernen, Tel. 027 / 971 17 42
Wann: Juni bis zum ersten Schnee (etwa Nov.)
Wie viel: ca. 43 Sfr pro Fahrrad und Tag
Essen & Trinken: Restaurant St. Georg, Ernen, Tel. 027 / 971 11 28, www.stgeorg-ernen.ch; Gommer und Schweizer Spezialitäten, serviert in einem 500 Jahre alten Wirtshaus
Web: www.ernen.ch/tourismus/sommer/biken/flyer-elektrobikes.php;

Radtour mit dem Flyer – der Schweizer Version des E-Bike.

che St. Georg, das Tellenhaus mit Fresken zur Legende von Wilhelm Tell und das Jost-Sigristen-Haus mit einer reich verzierten Landshauptmannsstube aus dem 18. Jh. Wer will, kann sich sogar die Originalsäulen eines 1703 errichteten Galgen ansehen.

Von Ernen führt die Strecke etwas stärker bergauf hinein ins Binntal nach Binn. Das Hotel Ofenhorn lockt zu einer Pause; hier kann auch der Akku gewechselt werden. Danach geht die Tour auf gleichem Wege wieder zurück zum Ausgangsort Blitzingen.

Wer die ganz besondere Herausforderung sucht, kann von Oberwald aus die Strecke auf den Furkapass in Angriff nehmen. Selbst diese 1061 Höhenmeter lassen sich durchaus bewältigen – solange man freilich in Gletsch nicht das Akkuwechseln vergisst ...

www.biketec.ch
Sonstiges: Die Vermietstation in Blitzingen ist Olympia-Sport, Bodmen, Tel. 027 / 971 03 30, www.olympia-sport.ch. Eine Vorab-Reservierung der Fahrräder wird empfohlen. Mindestalter: 16 Jahre bzw. 15 Jahre mit Mofaführerschein. Wer die Tour verlängern möchte, kann als Ausgangsort Oberwald wählen und zuerst auf dem Rhone-Radweg nach Blitzingen fahren (insgesamt 32 km längere Wegstrecke).

Auf der Loipe von Dorf zu Dorf

Das Goms ist im Wallis die eindeutig beste Wahl für Langläufer: Mehr als 80 km Loipen sind von November bis Ende März gespurt und führen über idyllisch verschneite Felder und vorbei an weiß gepuderten Waldstücken. Das Tal ist ruhig, schneesicher und dennoch von der Sonne verwöhnt.

Die 20 km lange Rotten-Loipe – Rotten ist der Oberwalliser Name für die Rhone – zieht sich den Fluss entlang von Ober- bis nach Niederwald. Sie verbindet nicht nur alle anderen Strecken miteinander, sondern auch alle zwölf Gommer Dörfer. Alle Loipen sind sowohl für die klassische als auch für die Skating-Technik gespurt – von der FIS-Rennnloipe bei Ulrichen (5 km) bis zur mittelschweren Rundstrecke bei Oberwald (4 km). Man kann sogar abends langlaufen: Zwischen Ulrichen und Obergesteln steht von Dezember bis März ab 17.30 Uhr eine beleuchtete Nachtloipe (3 km) zur Verfügung. Anfänger können in einer der Langlaufschulen einen Kurs buchen. Und wer müde wird, muss nur bis zum nächsten Dorf durchhalten – in fast jedem Ort halten die Züge der Matterhorn Gotthard Bahn. Die Fahrt ist im Loipenticket inbegriffen.

Winter wie aus dem Bilderbuch – das Goms ist ein Paradies für Langläufer.

KARTE ▶ F1

Was: Langlaufen von Dorf zu Dorf im Goms
Wo: Goms, Infos beim Gästecenter Obergoms, Tel. 027 / 974 68 68
Wann: Nov.–Anfang April

Wie viel: ein Tag 15 Sfr, zwei Tage 24 Sfr, drei Tage 36 Sfr, sieben Tage 67 Sfr
Web: www.loipe-goms.ch
Sonstiges: Ende Februar reisen jedes Jahr fast 2000 Sportler zum Gommerlauf an, einem traditionsreichen Langlauf mit internationalem Publikum (www.gommerlauf.ch).

Kulinarische Höhenflüge im Hochtal

Ein Bauernbub aus dem Wallis wurde zum erfolgreichsten Hotelier der Welt.

Recht verschlafen wirkt die Goms-Region, voller saftiggrüner Wiesen und beschaulicher kleiner Dörfer. Doch in den Kochtöpfen vieler Restaurants brodelt es gewaltig. Viele von hier stammende Köche messen sich im Team der Schweizer Kochnationalmannschaft mit internationaler Konkurrenz. Und im Örtchen Niederwald wurde Cäsar Ritz geboren, der sich zum »König der Hoteliers und Hotelier der Könige« aufschwang. In dessen Luxushotels in London und Paris übernachten und speisen die Gäste bis heute auf höchstem Niveau. Auch im Goms ist der Name des Hoteliers bis heute präsent, vor allem bei den »Ritz-Betrieben«. Die acht Restaurants, darunter die »Tenne« in Gluringen, das »Landhaus« in Münster-Geschinen, das »Castle« in Blitzingen und die »Walliser Kanne« in Fiesch zeichnen sich durch saisonale Küche und kreativ interpretierte Walliser Klassiker aus. Alle bieten ein spezielles Ritz-Menü an, für das sich die Köche besonders ins Zeug legen. In der »Walliser Kanne« weht gerade frischer Wind: Das Hotel und Restaurant wurde Anfang 2011 unter neuem Betreiber wiedereröffnet. Als Vorspeise gibt es nun z. B. Trockenfleisch-Carpaccio an karamellisierten Äpfeln und Nüssen, zum Hauptgang ein mit pikanten Nüssen gratiniertes Lachsfilet und zum Dessert ein Schokoladensoufflé mit dreierlei Eis.

KARTE ▶ F2

Was: Einkehr in einem Ritz-Betrieb
Wo: verschiedene Orte im Goms, u. a. Walliser Kanne, Fiesch, Tel. 027 / 970 12 40
Wann: ganzjährig

Wie viel: unterschiedliche Preise, ein Vier-Gang-Ritz-Menü mit drei Zwischengängen ca. 100 Sfr
Web: www.caesar-ritz.ch; www.walliserkanne-fiesch.ch

Sonstiges: Weitere Restaurants sind im Gastroguide von Obergoms Tourismus aufgelistet (3985 Münster, Tel. 027 / 974 68 68, www.obergoms.ch/tourismus).

Ausflug ins Eldorado der Glitzersteine

Dicht am Abgrund schlängelt sich die Straße hoch nach Binn. Doch alle Aufregung fällt ab, wenn die Strecke überwunden ist und sich das Binntal vor dem Besucher öffnet. Seit Herbst 2008 ist das Tal ein regionaler Naturpark – dank der intakten Ortsbilder, aber auch wegen der ursprünglichen Natur: 184 gefährdete Tier- und Pflanzenarten leben und wachsen im Binntal, darunter viele seltene Blumen. Die Grengjer Tulpe z. B. blüht nirgendwo anders. Wirklich berühmt ist die Gegend aber für ihren Mineralienreichtum, besonders in der Grube Lengenbach. Mehr als ein Dutzend Mineralien wurden im Binntal gefunden und tragen entsprechende Namen wie »Wallisit« oder »Lengenbachit«. Die Gegend eignet sich hervorragend zum Wandern, z. B. von Binn über Fäld zur Binntalhütte (ca. 4,5 Stunden), von der aus der Albrunpass und damit Italien nicht weit ist.

Als »Strahler«, wie Mineraliensucher in der Schweiz genannt werden, kann man sich auf der Halde vor der Grube Lengenbach versuchen. Berufsstrahler aus dem Binntal, z. B. Ewald Gorsatt, bieten geführte Mineralienexkursionen an. Auf einer Tagestour erfährt man Interessantes über die Gesteine des Tals.

Rast auf einer Wanderung im schönen Binntal.

KARTE ▶ F2

Was: Strahlen oder Wandern im Binntal
Wo: Binntal; Infos bei Binntal Tourismus, Dorfstrasse 31, 3996 Binn, Tel. 027 /971 45 47
Wann: Sommermonate

Web: www.tourismus.binn.ch; www.grube-lengenbach.ch; www.landschaftspark-binntal.ch
Essen & Trinken: Hotel Ofenhorn, 3996 Binn, Tel. 027 / 971 45 45,

www.ofenhorn.ch
Sonstiges: Die Exkursionen von Ewald Gorsatt kosten 70 Sfr (Kinder bis 14 Jahre 35 Sfr). Infos unter Tel. 027 / 971 03 10 und auf www.gorsatt.ch

Beim Gleitschirmflug mit dem Profi kann man sich beruhigt zurücklehnen.

Schwerelos wie ein Adler

So mancher Besucher, der mit der Seilbahn auf die Fiescheralp gefahren ist, schaut neidisch in den Himmel. Dort ziehen Gleitschirmflieger ihre Kreise. Den Ausblick müsste man haben ... und bekommt ihn auch! Mehrere Flugschulen bieten Tandemflüge an. Vorkenntnisse sind nicht nötig, nur stabile Schuhe und warme Kleidung. Vorsichtige können auf einem etwa 15-minütigen Gleitflug gemächlich ins Tal schweben. Aber die Gegend ist weithin bekannt für die gute Thermik, mit der Gleitschirmflieger immer höher steigen können. Bis zu 45 Minuten dauert ein solcher Passagierflug, der hoch in die Luft zu einem einmaligen Panorama führt – zum Blick auf den Aletschgletscher, das Eggishorn, das Goms und die gesamte Alpenkette.

KARTE ▶ E2

Was: Gleitschirmflug im Aletschgebiet
Wo: Fiesch / Fieschertal; z. B. beim Flyingcenter Oberwallis (Tel. 027 / 971 25 51, mobil: 079 / 220 73 05) oder bei Flug-

Taxi (Tel. 027 / 971 53 21, mobil: 079 / 241 23 83)
Wann: ganzjährig
Wie viel: ca. 130 Sfr für einen Gleitflug (15 Minuten), 160–230 Sfr für einen Thermikflug (bis

45 Minuten)
Essen & Trinken: mehrere Restaurants in Fiesch und auf der Fiescheralp
Web: www.flyingcenter.ch; www.flug-taxi.ch

Über den längsten Gletscher der Alpen

Die Bettmeralp ist ein Logenplatz: Stundenlang kann man von hier aus die südliche Alpenkette auf der anderen Seite des Rhonetals bewundern und sich die Sonne ins Gesicht scheinen lassen. Doch was sich hinter dem Bergkamm im Rücken verbirgt, ist noch viel beeindruckender: der Aletschgletscher, mit 23 km der längste Eisstrom der Alpen. Es ist kein Problem, ihn zu sehen, eine Fahrt mit der Seilbahn aufs Bettmerhorn genügt. Aber wirklich erleben lässt sich dieser bis zu 900 m dicke Gigant nur, wenn man auf ihm steht.

Das ist ohne spezielle Ausbildung und Ausrüstung möglich: Von der Bettmeralp starten in den Sommermonaten jeden Dienstag geführte Gletscherrundtouren, die für die ganze Familie geeignet sind (Kinder ab sieben Jahren) und rund sechs Stunden dauern. Von der Alp gehen die Touren hinauf zum Blausee, durch den Aletschwald wieder hinab zum Gletscherrand und schließlich mit umgeschnallten Steigeisen aufs ewige Eis, bevor der Guide die Gäste über den Grat wieder zurückführt. Auf dem Gletscher fühlt sich die Luft plötzlich kühler an, es knirscht unter den Fü-

ßen, überall gluckert und rauscht das Schmelzwasser. Bis zu 80 000 l pro Sekunde fließen an warmen Tagen ab. Der 27 Milliarden Tonnen schwere Alpengletscher nährt sich durch kristallisierten Altschnee, aus dem der Druck neuer Schneeschichten die Luft herauspresst. Das so entstandene Eis fließt mit einer Geschwindigkeit von bis zu einem Meter pro Tag nach unten und schmilzt dort langsam weg. Doch die Erderwärmung beschleunigt die letzte Phase immer stärker: Der Gletscher wird immer kleiner. Das kann zu Steinschlägen oder zu plötzlich ausbrechenden Gletscherseen und damit zu Überschwemmungen führen.

Auch Fiesch könnte davon betroffen sein. Im 17. Jh. war es noch das

Mächtiger Riese: imposanter Blick auf den längsten Gletscher der Alpen.

KARTE ▶ E2

Was: geführte Gletschertour auf dem Aletschgletscher
Wo: Bettmeralp; Infos: Tel. 027 / 928 60 60
Wann: jeden Dienstag 8.30–16 Uhr, Mitte

Juni–Mitte Okt.
Wie viel: 50 Sfr Erwachsene, 30 Sfr Kinder
Essen & Trinken: Außerhalb der Hochsaison, in der die Lokale außerordentlich stark frequentiert

sind, bietet sich nach der Tour eine Einkehr in eines der Restaurants auf der Bettmeralp an.
Web: www.bettmeralp.ch
Sonstiges: Anmeldung bis zum Vortag um 17 Uhr bei

Vorrücken des Gletschers, das den Einwohnern Angst machte. Sie legten 1678 ein Gelübde ab und veranstalteten danach jedes Jahr eine Prozession, auf dass der Gletscher sich zurückziehe. 2009 äußerte eine Delegation vor dem Papst einen Änderungswunsch für das Gelübde: Man wolle nun dafür beten, dass der Gletscher wieder wachse. Etwas mehr als ein Jahr später hat Benedikt XVI. dem zugestimmt.

Bettmeralp Tourismus. In der Hochsaison (Juli und Aug.) wird zusätzlich an jedem Donnerstag eine längere Gletschertour zum Märjelensee angeboten (ca. acht Stunden). Von der Bergstation Bettmerhorn führt der Bergweg leicht absteigend, dann in mehreren großen Kehren über Steintreppen in die »Rote Chumma«. Weiter geht es über einen in Fels gehauenen, breiten Weg Richtung Märjelensee. Vor etwa 100 Jahren füllte der See noch fast das ganze Tal aus. Über Tälligrat und Fiescheralp geht es zur Bettmeralp zurück.

In Sir Cassels Sommersitz der Natur auf der Spur

Der Spaziergang zur Überraschung dauert ungefähr eine halbe Stunde und führt von der Riederalp hoch auf die Riederfurka – den Bergkamm, hinter dem sich der Aletschgletscher versteckt. In dieser Toplage steht neben dem Hotel Riederfurka eine Fachwerkvilla. Erbauen ließ sie Sir Ernest Cassel. Der Bankier und Finanzberater des englischen Königs Edward VII. war einer jener Engländer, die im 19. Jh. die Sommermonate in den Alpen verbrachten. Cassel kam auf die Riederfurka, weil ihm sein Arzt Bergluft verschrieben hatte. Doch der fehlende Komfort im einfachen Hotel störte ihn. Daher ließ er sich eine stattliche Sommerresidenz auf die Bergkuppe bauen. 1902 war die luxuriöse 25-Zimmer-Villa fertiggestellt. Oft hatte Cassel Gäste

KARTE ▶ E2

Was: Besuch des Naturschutzzentrums Villa Cassel und Erkundung des Aletschwaldes
Wo: Villa Cassel, 3987 Riederalp,

Tel. 027/ 928 62 20
Wann: Mitte Juni–Mitte Okt.
Essen & Trinken: Tee, Kaffee und Kuchen im Teesalon der Villa Cassel,

Herzhaftes im Hotel Riederfurka nebenan (Tel. 027 / 927 21 31, www.artfurrer.ch)
Web: www.pronatura.ch/ aletsch

Villa mit Aussicht: das Pro Natura Zentrum auf der Riederfurka.

den Erhalt der reichen Walliser Tier- und Pflanzenvielfalt und informiert Besucher in einer Ausstellung über die einzigartige Flora und Fauna im UNESCO-Weltnaturerbe rund um den Aletschgletscher. Im Alpengarten können über 300 Pflanzenarten betrachtet werden. Einen Besuch der Villa kann man mit einer Wanderung durch den Aletschwald verbinden. Der seit 1933 geschützte Wald bietet eine traumhafte Sicht auf den Aletschgletscher. Der kostenlos ausleihbare eGuide des Naturschutzzentrums informiert unterwegs. Neben Füchsen, Rothirschen und Schneehasen bevölkern 60 Vogelarten den Aletschwald. Ständig verändert sich die Natur: Ganz oben dominiert dichter Wald, gegen unten wird die Bewaldung lichter, und Sträucher kommen hinzu, kurz vor dem Gletscher wachsen schließlich nur noch einige robuste Pflanzen. Besonders beeindruckend ist die Natur in der zweiten Junihälfte, wenn zwischen den Lärchen und den bis zu 700 Jahre alten Arven die Alpenrosen leuchten.

aus der Politik- und Finanzwelt zu Besuch. Doch nicht immer vertrug sich die Welt des Adels mit dem Alltag der Bergbauern: Winston Churchill bspw. störte sich am Gebimmel der Kuhglocken. War er zu Gast, ließ Cassel Heu in die Glocken stopfen.
1921 starb der Bankier. Aus der Villa wurde zunächst ein Hotel, in den 1970er-Jahren schließlich ein Naturschutzzentrum. Pro Natura, die älteste Naturschutzorganisation der Schweiz, engagiert sich für

Sonstiges: Das Naturschutzzentrum bietet auch Zimmer, Exkursionen und Kurse an, z. B. über Naturfotografie oder Bergblumen. Während der Sommerferien (Ende Juni–Mitte Aug.) können Besucher an jedem Donnerstag von 13.30 bis 16.30 Uhr an einer Familienführung durch den Aletschwald teilnehmen (Erwachsene: 14 Sfr, Kinder von sechs bis 16 Jahren 8 Sfr, Familien 30 Sfr). Daneben gibt es weitere Angebote wie Murmeltier-Wochenenden.

Brücke mit Eissicht

Wer mit der Seilbahn auf die Belalp fährt, fühlt sich weit weg von der benachbarten Riederalp. Die tiefe Massaschlucht trennt beide Almen. Doch nach rund fünf Stunden sind die satten Wiesen des Nachbarn schon erreicht. Nicht zuletzt dank der 2008 eröffneten Hängebrücke, die sich in 50 m Höhe über die Schlucht spannt. Die Wanderung beginnt am Hotel Belalp, von dem aus sich der Aletschgletscher in seiner ganzen Pracht zeigt. Der An-

blick motiviert für den Abstieg, der 525 Höhenmeter nach unten zur Brücke führt. Nun sind es 124 schwankende Meter bis zur anderen Seite. Kurz darauf bietet sich der Grünsee als Rastplatz an. Denn die Riederfurka liegt nur etwas tiefer als das Hotel Belalp – 500 Höhenmeter oberhalb der Brücke! Belohnt werden die Wanderer erneut mit der Aussicht auf den Aletschgletscher und mit einem Spaziergang hinunter zur Riederalp.

Nur für Schwindelfreie: die Hängebrücke zwischen Belalp und Riederalp.

KARTE ▶ E2

Was: Wanderung von der Belalp zur Riederalp
Wo: Belalp / Riederalp
Wann: Sommermonate
Essen & Trinken: Hotel Belalp, verschiedene Lokale auf der Riederalp

Web: www.wanderweg-riederalp-belalp.ch
Sonstiges: Die Wandertour lässt sich gut von Brig aus unternehmen. Sie erfordert Trittsicherheit. Mit dem Postauto nach Blat-

ten bei Naters, dort mit der Seilbahn hoch auf die Belalp. Von der Riederalp mit der Seilbahn hinunter nach Mörel und von dort mit dem Regionalzug zurück nach Brig.

Wasser und Felsen

Das Wasser rauscht, die Füße suchen Halt auf dem Fels, das Herz klopft heftig, und die Augen fixieren das dunkle Becken acht Meter weiter unten. Dann der Sprung, der Flug durch die Luft und – platsch! Canyoning, das auf Deutsch auch »Schluchteln« genannt wird, ist zweifelsohne eine recht abenteuerliche Sportart. Doch unter Anleitung eines professionellen Guides und mit der richtigen Ausrüstung ausgeführt, ist sie nicht gefährlicher als eine Berg- oder Skitour. Beim Canyoning bewegt man sich, einem Flusslauf folgend, durch eine Schlucht – rutschend, springend, schwimmend oder am Seil.

Das Alpincenter Belalp bietet den ganzen Sommer hindurch, außer bei Hochwassergefahr, eine derartige Tour durch die von Eis und Schmelzwasser geformte Massaschlucht an. Das ungewöhnliche Outdoor-Event dauert sechs Stunden und führt durch eine spektakuläre Welt aus Stein – von kleinen Kieseln bis zu hohen, ausgewaschenen Felswänden. Ein Naturerlebnis sondergleichen, inklusive einer 30 m hohen Abseilstelle. Neoprenanzug, Helm, Klettergurt,

Rücklings durch die Luft – da steigt der Adrenalinspiegel!

Seil und Betreuung durch einen Führer sind im Preis inbegriffen, ebenso wie das Mittagessen mitten in der Schlucht. Erforderlich sind lediglich etwas Mut, Trittsicherheit und eine gute Kondition.

Allen, die jetzt Angst vor dem Sprung in die Tiefe haben, sei gesagt: Er ist optional und kann umgangen werden.

KARTE ▶ E2

Was: Canyoning durch die Massaschlucht
Wo: Blatten-Belalp
Wann: tgl. Mai–Okt.
Wie viel: 180 Sfr pro Person (ab fünf Teilnehmern)

Essen & Trinken: Mediterrane und Walliser Küche gibt es im Blattnerhof in Blatten-Belalp, Tel. 027 / 923 86 76, www.blattnerhof.com.

Web: www.alpincenter belalp.ch
Sonstiges: Bei Hochwassergefahr werden Alternativtouren angeboten.

Spaziergang durch das alte Handelszentrum

Viele Schweizer kennen die Stadt Brig als Umsteigestation auf der Zugreise nach Italien. Tatsächlich ist der Ort wegen seiner Lage am nördlichen Ende des Simplonpasses seit Langem ein äußerst wichtiger Verkehrsknotenpunkt. Das 12 000-Einwohner-Städtchen hat architektonisch einiges zu bieten.

Allein der Palast des Kaspar Jodok von Stockalper (1609–1691) ist einen Besuch wert. Der mächtige Handelsherr kontrollierte den lukrativen Warentransport über den Simplon und ließ sich zwischen 1658 und 1678 das prächtige Schloss in Brig errichten. Entstanden ist ein buntes Stilgemisch mit Renaissance-Arkadenhof und drei von barocken Zwiebeltürmen gekrönten Türmen. Stockalper finanzierte auch andere Bauten mit, die heute das Stadtbild von Brig prägen, etwa die Sebastianskapelle und die Jesuitenkirche.

Auch im Stadtteil Glis stößt man auf weitere historische Gebäude. Besonders sehenswert ist die Wallfahrtskirche Mariä Himmelfahrt.

Das Gotteshaus besteht aus einem romanischen Turm, einem gotischen Chor und einem Renaissance-Langhaus. Gleich auf der anderen Seite der Rhone liegt die Stadt Naters, in deren historischem Kern es ebenfalls einiges zu entdecken gibt. Neben jahrhundertealten Häusern und Stadeln steht auf dem Dorfplatz eine prächtige Linde, die bereits 1357 in einer Urkunde erwähnt wurde. Vermutlich wurde hier sogar Gericht gehalten. Das Fundament einer Prangersäule ist noch heute sichtbar. Auch Naters hat eine schöne Pfarrkirche. Schon von Weitem ist der älteste Teil der St.-Mauritius-Kirche zu sehen, der romanische Kirchturm mit einer 1514 aufgesetzten gotischen Spitze. Die frühbarocke Kirche wurde in der zweiten Hälfte des 17. Jh. errichtet, den Innenraum zieren mehrere Barockaltäre. Im gleichen Jahr wie der Kirchturm entstand das Beinhaus nebenan. Das Gebäude, das aussieht wie eine winzige Kapelle, birgt die Gebeine rund 30 000 Verstorbener.

Das Stockalperschloss beherbergt seit 1960 die Stadtverwaltung von Brig.

KARTE ▶ E3   ✕ ⛏ 🔒

Was: Stadtrundgang in Brig und Naters
Wo: Brig und Naters
Wann: ganzjährig
Essen & Trinken: Um für ein Picknick einzukaufen, bietet sich der große

Supermarkt direkt beim Bahnhof an (Belalpstrasse 1). Im Ort gibt es verschiedene Restaurants.
Web: www.brig.ch; www.naters.ch

Sonstiges: Samstags von 8–13 Uhr findet zwischen Bahnhofsstrasse und Sebastiansplatz ein Biobauernmarkt statt.

Ein kleines Dorf mit einer großen Spezialität

Safran, das klingt nach Orient und Tausendundeiner-Nacht. Doch das exklusive Pflänzchen wird auch in Mund geerntet, einem kleinen Walliser Bergdorf. Und das schon seit sehr langer Zeit: In ihren Bärten versteckt, schmuggelten Söldner die Knollen aus dem Orient nach Nordspanien. Von dort nahmen sie Jakobspilger im 14. Jh. mit in die Schweizer Berge.

Doch der Anbau ist mühsam und der Ertrag gering, denn nur die rosa Stempelfäden in der lila Blüte können verwendet werden. Immerhin 400 Fäden braucht es für ein Gramm Safran. Aus diesem Grund stiegen viele Schweizer Bauern nach der ersten Begeisterung auf andere Produkte um und verdienten ihren Lebensunterhalt fortan z. B. im ergiebigeren Weinbau.

Nur in Mund blieb die Tradition erhalten. Die Dorfbewohner schlossen sich zu einer Zunft zusammen, um den Schweizer Safran weiter zu kultivieren. 200 Mitglieder zählt sie heute – das ist mehr als ein Drittel aller Munder Einwohner. Jedes Jahr blüht das Schwertliliengewächs auf zahlreichen Äckern rund um das Dorf, irgendwann zwischen dem 10. Oktober und dem 10. November – genauer lässt sich das nicht vorhersagen. Denn das Safranpflänzchen ist launisch: Je nach Klima und Tag blüht es mal in großer Menge, mal lugt es kaum aus der Erde hervor.

Doch auch wenn es gerade nicht blüht, können sich Besucher im sonnenverwöhnten Mund mit dem Safran beschäftigen. Ein Lehrpfad informiert über die Eigenheiten der

KARTE ▶ E3

Was: Ausflug nach Mund
Wo: Mund
Wann: Das Safranmuseum ist im Oktober geöffnet (Mi 10.30–12 und 14–16.30 Uhr, Sa/So 10.30–12 und 14–16 Uhr); ansonsten ab zehn Personen (Reservierung Tel. 079 / 409 35 36).
Wie viel: Museum: 5 SFr
Essen & Trinken: Restaurant Safran, Tel. 027 / 923 13 76 (Di Ruhetag); Restaurant Salwald, Tel. 027 / 923 12 18, www.mund-art-kueche.ch (ca. Mai–Mitte Okt., Mo und Vorsaison auch Di Ruhetag)
Web: www.mund.ch

Pflanze; außerdem wurde in einem über 570 Jahre alten Stadel ein Museum eingerichtet. Die Zunft bietet ganzjährig Führungen und Diavorträge an.

Geerntet wird der Safran direkt nach Sonnenaufgang, sobald sich die Blüten durch das Licht geöffnet haben. Doch die eigentliche Arbeit beginnt erst nach dem Pflücken: Dann müssen die einzelnen Stempel in stundenlanger Handarbeit aus den Blüten gezupft werden. In Mund ernten die Bauern gerade einmal ein bis drei Kilogramm Safran pro Jahr. Dieser Aufwand ist einer der Gründe, warum die »Königin der Gewürze« im Unterschied etwa zu Paprika und Pfeffer bis heute so viel kostet. Der Preis für ein Kilogramm beginnt bei 4000 Euro. Wer Safran zu einem viel niedrigeren Preis kauft, fällt mit großer Wahrscheinlichkeit auf eine Fälschung herein. Das Gewürz ist äußerst intensiv, sowohl im Geruch wie auch im Geschmack. Daher reicht häufig eine Messerspitze, um Speisen das unvergleichliche Aroma zu verleihen.

Das lässt sich auch in Mund nachprüfen: Im Restaurant »Safran« werden Spezialitäten wie Safranrisotto, Safransuppe oder sogar Safranfondue angeboten. Ganz ähnliche Gerichte bietet auch das Restaurant »Salwald« an, das von Mund aus in einer etwa einstündigen Wanderung (oder mit dem Auto) zu erreichen ist.

Eine Safranpflückerin in Mund bei ihrer anstrengenden Arbeit.

Sonstiges: Die Munder Safranzunft wurde im Mai 1979 gegründet. Es werden nicht nur Parzellenbesitzer aufgenommen, sondern auch andere Personen, die gewillt sind, die Safranzunft zu unterstützen. Während des Jahres erledigt der Zunftrat die anfallenden Geschäfte. Einmal im Jahr, am zweiten Novembersonntag, versammeln sich die Zünftlerinnen und Zünftler zur Generalversammlung – ein wichtiger gesellschaftlicher Anlass, bei dem die Zunft jedem Mitglied Safranrisotto sowie ein Safranbrot spendiert.

Auf alten Saumpfaden über den Simplonpass

Heute haben die Alpen für die meisten Menschen ihren Schrecken verloren und sind zum Erholungsgebiet für Wanderer, Bergsteiger und Skifahrer geworden. Doch noch im 18. Jh. waren die Gipfel vor allem eins: gefährliche Hindernisse, die es zu meiden galt. Händler und Reisende, die sie dennoch überqueren mussten, suchten sich Pfade über niedrige, weniger gefährliche Pässe aus. Einer davon ist der 2005 m hohe Simplonpass. Der alte Saumweg wurde als Kulturweg »ViaStockalper« reaktiviert. In etwa drei Tagesetappen führt

KARTE ▶ E3

Was: Wanderung auf dem Stockalperweg
Wo: Brig bis Gondo
Wann: Anfang Juni–Mitte Okt.
Wie viel: Vier-Tage-Paket mit Gepäcktransport, Kost und Logis: ca. 520 Sfr im Doppelzimmer, mit Wanderleiter ca. 780 Sfr
Essen & Trinken: Inklusive, es gibt aber auch verschiedene Hotels und Restaurants in Brig, Simplon-Pass, Simplon-Dorf und Gondo.
Web: www.simplon.ch; www.viastockalper.ch
Sonstiges: Informationen bei Simplon Tourismus: Tel. 027 / 979 10 10.

der 33 km lange Wanderweg von Brig nach Gondo. Der Pass erlebte seine erste Blüte im Mittelalter. Im 17. Jh. war es dann der Briger Handelsherr Kaspar Stockalper, der den Pfad rege benutzte. Er baute ihn aus und garantierte den Reisenden einen sicheren Transport über die Alpen. Napoleon war es schließlich, der den Simplonpass grundlegend veränderte. Zwischen 1801 und 1805 ließ er die Simplonstraße errichten, die erste moderne Straße durch die Schweizer Alpen. All diese Geschichtsphasen lassen sich auf der Wanderung nachvollziehen. Am angenehmsten ist das Pauschalangebot mit Wanderführer, Gepäcktransport, Kost und Logis. Doch wer will, kann die Strecke oder eine einzelne Etappe auch auf eigene Faust erkunden, z. B. den letzten Abschnitt von Simplon-Dorf nach Gondo, für den man ungefähr 3,5 Stunden benötigt. In Simplon-Dorf informiert ein Museum im Alten Gasthof über die Geschichte des Passes. Dort ist auch eine Wanderkarte erhältlich. Der Stockalperweg führt von dort aus in die Gondoschlucht und über Stege, Brücken und sogar durch eine ehemalige militärische Festung nach Gondo. Sowohl Simplon-Dorf als auch Gondo sind per Postbus mit Brig verbunden.

Das Museum »Alte Kaserne« informiert über die Geschichte des Simplonpasses.

Alle als geführte Wanderungen angebotenen Packages (»Genusswandernde«, »Leistungswandernde« sowie »Geführte Gruppenreise«) umfassen den Gepäcktransport Brig–Gondo oder Gondo–Brig und vier Tagesetappen und sowie drei Übernachtungen. Die Wanderung verläuft auf markierten Bergwanderwegen und stellt keine besonderen Anforderungen – außer einer durchschnittlichen Kondition. Mit dem im Packagepreis inbegriffenen Postauto-Ticket können die Etappen beliebig verkürzt werden.

Was glänzt da so im Bach?

Südlich des Simplonpasses, kurz vor der Grenze zu Italien, weit hinten im Zwischbergental, liegt das Eldorado des Wallis. Schon der Handelsherr Kaspar Jodok von Stockalper schlug hier im 17. Jh. aus dem Goldabbau Profit. Doch dieses Eldorado ist mehr Einbildung als Wirklichkeit: Stockalpers Nachfolger waren weit weniger erfolgreich, das Vorkommen blieb viel zu gering. Durch Spekulation und schlechtes Management gingen die Minen Ende des 19. Jh. in Konkurs und gerieten in Vergessenheit. Seit einigen Jahren setzt sich ein Verein für die Erhaltung der historischen Goldminen ein. Begleitet vom Wanderleiter und Goldwäscher Rolf Gruber, können Erwachsene und Kinder ab fünf Jahren die alten Stollen in einem Halbtagesausflug erkunden. Am Bach des Zwischbergentals zeigt Gruber interessierten Besuchern in einer weiteren Halbtagestour, wie man mit einem Sichertrog Gold wäscht – eine der ältesten und einfachsten Methoden, um das begehrte Metall zu finden. Große Goldnuggets darf man zwar nicht erwarten, dünne Goldflitter hingegen schon. Die darf man übrigens behalten. Doch auch wer nichts findet, wird sich noch sehr lange an die Goldsuche erinnern. Dafür sorgt das Erlebnis im idyllischen Tal allemal.

Lockruf des Goldes: auf Suche im Zwischbergental.

KARTE ▶ F3

Was: Goldexkursion
Wo: Gondo / Zwischbergental bei Simplon-Trekking: Tel. 079 / 469 54 36
Wann: Sommermonate
Wie viel: Goldwaschen oder Minenbesichtigung:

Einzelpersonen 35 SFr, Familien mit Kindern bis 16 Jahren 70 SFr; Goldwaschen und Minenbesichtigung (Tagestour): Einzelpersonen 50 SFr, Familien 95 SFr

Essen & Trinken: Restaurant Stockalperturm in Gondo (027 / 979 25 50, www.stockalperturm.ch).
Web: www.simplon-trekking.ch; www.goldmine-gondo.ch; www.gondo.ch

Seit über 500 Jahren im Dienst des Vatikans: die Schweizer Garde.

Die Schweizer Schutztruppe des Papstes

Im 15. Jh. kämpften zahlreiche Eidgenossen als Söldner in fremden Heeren. Manche verdienten sich ihren Sold als Leibgarde und Palastwache, seit 1506 auch für den Vatikan. Erst Mitte des 19. Jh. verbot die Regierung das Söldnerwesen – mit expliziter Ausnahme der päpstlichen Schweizer Garde. Dieser außergewöhnlichen Schutztruppe ist in Naters ein Museum gewidmet. Die Wahl fiel nicht ganz zufällig auf diesen Standort: Im Verlauf der letzten 120 Jahren kamen 80 Gardisten aus Naters. Das Museum, das in den früheren Munitionskammern einer Felsenfestung aus dem Zweiten Weltkrieg untergebracht ist, beschäftigt sich vor allem mit dem Leben der Gardisten. Was sind ihre Beweggründe für den Wachdienst? Wie sieht ihr Alltag aus? Veranschaulicht wird das Gardistenleben auch durch eine »Schatzkammer« mit persönlichen Gegenständen der Papstbeschützer.

KARTE ▶ E2

Was: Besuch im Gardemuseum
Wo: Naters, Zentrum Garde, Tel. 027 / 923 01 19
Wann: Juni–Ende Okt. Sa 14–18 Uhr; außerhalb der Öffnungszeiten auf Anfrage für Gruppen ab zehn Personen
Wie viel: 10 Sfr (mit Führung)
Web: www.zentrumgarde.ch

Sonstiges: Auch ein Stadtrundgang bietet sich in Naters an. Sehenswert sind u. a. der Ornavassoturm und das Schloss.

Stoffe weben mit Erwina

Visperterminen hat sich den Spitznamen Heidadorf verpasst – der Ort ist bekannt für seine heimische Rebsorte Heida und für den »höchsten Weinberg Europas«, der fast 1200 m hoch liegt. Nur einige wenige Weinlagen in Zypern machen dem Walliser Bergdorf diesen Superlativ streitig.

Die anstrengende Arbeit an den Steilhängen verrichten größtenteils »Samstagswinzer«, die in der Gemeinde nebenberuflich Wein anbauen. Eine Genossenschaft keltert aus deren Erträgen köstlichen Wein – das ist an sich schon Grund genug, um den Ort zu besuchen. Doch in Visperterminen gibt es auch den ersten Kulturpark der Schweiz. Dorfeinwohner zeigen Besuchern während jeweils zwei Stunden ihr Hobby, ihren Beruf oder ihre Lieblingsbeschäftigung – und geben damit fundierten Einblick in alte Dorf- und Alltagstraditionen.

Armin z. B. informiert über die Bienenzucht, und Erwina erklärt, wie man mit traditionellen Geräten Garn spinnt und Stoffe webt. Patrick und Herold klären über das Leben als Bergbauern auf, Gustav über die Zucht von Schwarznasenschafen. Zusammen mit Karin können Kinder und Erwachsene alte Walliser Spiele wiederentdecken, bei Renata lernen sie das traditionelle Kartenspiel »Troggu«, und in einer Alphütte mitten im Wald führt Mathilde Interessierte ins Töpferhandwerk ein.

Auch Stricken will gelernt sein: Kulturerlebnis im Heidadorf.

KARTE ▶ E3

Was: Erlebnis im Kulturpark Visperterminen
Wo: Visperterminen
Wann: ganzjährig (nach Anmeldung)
Wie viel: Erwachsene 20 SFr, Kinder 10 SFr

Essen & Trinken: mehrere Restaurants, etwa das Restaurant Heida (Tel. 027 / 946 20 96, www.restaurant-heida.ch) und das Restaurant Spycher (Tel. 027 / 946 71 59)

Web: www.heidadorf.ch
Sonstiges: Anmeldung erforderlich. Weitere Informationen gibt es online oder beim Tourismusbüro vor Ort (Tel. 027 / 948 00 48, Sa/So geschl.).

Wie vor Jahrhunderten: die alte Mühle in Törbel.

Zeitreise in die Vergangenheit

Törbel liegt auf 1500 m Höhe an einem sonnigen Hang über dem Vispertal. Hier wird der Rundgang »Urchigs Terbil« (ursprüngliches Törbel) als geführte Tour angeboten. Dabei erhält man Einblicke in das alltägliche Leben, wie es in diesem typischen Walliser Dorf früher einmal war. Zu sehen gibt es neben dem historischen Dorfkern z. B. ein Backhaus, einen 300 Jahre alten Stadel und eine Weinpresse von 1864. Beim Törbelbach erfährt man nicht nur, wie die Mühle funktioniert, auch eine alte Walke wird vorgeführt. Das um 1830 erbaute Holzhaus mit Wasserrad diente dazu, selbst gewobene Stoffe weich und geschmeidig zu klopfen. Bis in die 1950er-Jahre hat hier noch Polycarp Karlen, der letzte Walker von Törbel, gearbeitet.

KARTE ▶ D3

Was: geführter Dorfrundgang in Törbel
Wo: Törbel
Wann: von Mai–Okt. jeden Do um 10 Uhr (Anmeldung bis Mi 11 Uhr) und nach Vereinbarung

Wie viel: bis acht Personen 50 Sfr, ab neun Personen 6 Sfr pro Person
Essen & Trinken: Restaurant Weisshorn in Törbel, Tel. 027 / 952 21 34, www.hotelweisshorn.com

Web: www.toerbel.ch/kultur
Sonstiges: Die geführte Tour dauert zwei Stunden. Anmeldung bei Törbel Moosalp Tourismus, Tel. 027 / 952 12 77

Schneespaß ohne Ski und Snowboard

Wintervergnügen für die ganze Familie: Rodeln im Saastal.

Überall im Saastal werden Kufenträume wahr: meterhoher Schnee, der sich neben der Strecke türmt, voraus die frisch planierte Rodelpiste, kühler Wind auf den Wangen während der schnellen Geraden und das langsame Gleiten um die nächste Kurve ...

In der Gegend gibt es mehrere schöne Abfahrten, allen voran die erlebnisreiche Fahrt von Kreuzboden (2400 m Höhe) nach Saas-Grund (1559 m Höhe). Das Vergnügen will hier fast nicht enden:

Immerhin 11 km geht es bergab. Die 3-km-Strecke von Furggstalden nach Saas Almagell wirkt dagegen vergleichsweise kurz. Dafür hat sie eine andere Qualität: Die Abfahrt ist jeden Dienstag bis in die Nacht hinein möglich. Praktischerweise können neben Schlitten auch Stirnlampen ausgeliehen werden. Das Gleiche gilt für die dritte, 6 km lange Abfahrt, die vom Aussichtsberg Hannig nach Saas-Fee führt. Jeden Dienstag und Donnerstag ist die Bahn bis 21 Uhr geöffnet.

KARTE ▶ E4

Was: Rodeln im Saastal
Wo: Saas-Fee, Saas-Grund, Saas-Almagell
Wann: Weihnachten–Ende März
Wie viel: Rodelmiete 5–8 Sfr, Tageskarte

20 (Saas-Almagell) bis 35 Sfr (Saas-Grund), Nachtfahrt Saas-Fee 18 Sfr, Saas-Almagell 8 Sfr, Ermäßigungen für Kinder
Essen & Trinken: zahlreiche Gaststätten in den

Dörfern und Bergstationen
Web: www.saas-fee.ch (Winter, Wintersport)
Sonstiges: weitere Informationen beim Tourismusbüro Saas-Fee, Tel. 027 / 958 18 58

Balancierend durch die Schlucht

Über Jahrhunderte wäre niemand auf die Idee gekommen, durch die steile Schlucht zu steigen, die der Fluss Feevispa zwischen Saas-Grund und Saas-Fee in den Fels gegraben hat. Heute ist es nicht nur möglich, das Hindernis zu überwinden – es macht sogar großen Spaß. Vorkenntnisse sind nicht erforderlich, die Begleitung durch einen Bergführer ist hingegen obligatorisch. Er führt Gruppen und Einzelpersonen durch die spektakuläre Natur, doch auch der Klettersteig selbst sorgt bereits für genügend Abwechslung und Nervenkitzel: Mehrfach wird die Schlucht in luftiger Höhe durchquert, während man an einem fest fixierten Seil gesichert ist – über eine schaukelnde Hängebrücke, fast senkrechte Leitern oder im Fels verankerte Eisenstifte, an denen man wie auf einer Treppe durch die Wand steigen kann. Manchmal verlieren die Abenteurer den Boden sogar ganz unter den Füßen. Dann sausen sie mit einer »Tyrolienne«, einer Seilrutsche, über den Abgrund auf die andere Seite. Wem vier Stunden Herzflattern zu viel sind, kann nur den oberen Teil (ca. 1,5–2 Stunden) oder den unteren, ganzjährig

Nichts für Ängstliche und nicht Schwindelfreie: die Gorge Alpine.

geöffneten Teil (ca. drei Stunden) begehen. Ganz Verwegene wählen die Winterzeit, wenn die Landschaft in Schnee getaucht ist, und kommen an einem Donnerstagabend, wenn nur Stirnlampen den Weg durch den Fels erhellen.

KARTE ▶ E4

Was: Klettersteig Gorge Alpine
Wo: Saas-Grund oder Saas-Fee
Wann: oberer Teil ganzjährig, unterer Teil Mai–Okt.; im Sommer mehrere Touren pro Woche (Anmeldung obligatorisch)
Wie viel: 80–110 SFr pro Person
Web: www.klettersteig.ch/gorge.html
Sonstiges: Bergsportschule Active Dreams in Saas-Grund (Tel. 078 / 825 82 73, www.weissmies.ch) oder das Bergführerbüro Saas-Fee Guides in Saas-Fee (Tel. 027 / 957 44 64, www.saasfeeguides.ch)

Auf den Spuren der Walser

Ab dem 13. Jh. verließen die Walser, alemannische Bauern, das Goms, weil dort der Boden knapp wurde. Sie wanderten nach Nordosten und Süden und gründeten neue Siedlungen. Diese Enklaven mit eigener Kultur und eigenem Dialekt sind weit verstreut – es gibt sie im Kanton Graubünden, im österreichischen Voralberg, im Tessin und eben in den italienischen Alpen. Auch die Bewohner von Macugnaga stammen aus dem Saastal. Sie verließen ihre Heimat über den Pass am Saaserbiärg, wie sie den Monte Moro nannten. Ihren Spuren kann man von Visp durchs ganze Saastal folgen. Viele alte Handels- und Saumpfade werden heute als Wanderwege genutzt. Unterwegs trifft man auf restaurierte Wirtschafts- und Wohngebäude, die zeigen, wie an den steilen Hängen über dem Tal früher gelebt wurde. Wer die gesamte Strecke ablaufen möchte, braucht mehrere Tage – einzelne Etappen sind als Tagesausflug machbar. Von Visp aus führt die Route über Visperterminen nach Gspon (ca. vier Stunden Gehzeit) und verläuft dann entlang des Gsponer Höhenwegs bis nach Saas-Grund (fünf Stunden). Es folgt ein Spaziergang nach Saas-Almagell (45 Minuten), bis es wieder steiler aufwärts geht, zuerst zum Mattmark-Stausee (zwei Stunden), danach weiter auf den Monte-Moro-Pass, der mehr als 1200 Höhenmeter über Saas-Grund liegt (drei Stunden). Etwa drei Stunden dauert der steile Abstieg nach Macugnaga.

Alte Walser Tracht im Saastal.

KARTE ▶ E5

Was: Wanderung über den Monte-Moro-Pass
Wo: Visp–Macugnaga
Wann: Juni–Ende Okt.
Essen & Trinken: zahlreiche Verköstigungsmöglichkeiten entlang der Strecke

Web: www.saastal.ch; www.monterosastar.com (Seilbahn); www.macugnaga.it (Italienisch und Englisch)
Sonstiges: Eine Wanderkarte ist erforderlich. Mü-

den Wanderern sei am Pass die Seilbahn ins Tal empfohlen.

In Begleitung eines Bergführers ist die Besteigung des Allalinhorns kein Problem.

Mein erster Viertausender!

Mehr als 40 Gipfel über 4000 Höhenmeter erheben sich in den Walliser Alpen. Vom Tal aus wirken sie fast unbezwingbar. Aus der Nähe sieht das anders aus, zumindest am Allalinhorn. Es liegt auf 4027 m Höhe. Doch über die Westflanke muss man nur rund 600 Höhenmeter bezwingen, was in etwa zwei Stunden zu bewältigen ist. Zum Ausgangspunkt der Bergtour fährt die Metro Alpin, eine Art U-Bahn ins Hochgebirge. Das macht die Tour sehr beliebt, kaum einmal ist man alleine in der Natur unterwegs. Egal: Das Allalinhorn bleibt ein Viertausender – wenn auch einer der leichtesten der Alpen. Bei klarer Sicht ist der Ausblick vom Gipfel grandios: Man sieht auf weltberühmte Berge wie den Montblanc oder das Matterhorn. Die Tour ist allerdings kein Spaziergang. Ohne fundierte Bergsteigererfahrung ist ein Bergführer unbedingt notwendig.

KARTE ▶ E4

Was: Besteigung des Allalinhorns
Wo: Saas-Fee
Wann: Sommermonate
Wie viel: Bergführer: 530 SFr (Einzelperson), 295 SFr (zwei Personen), 200 SFr (ab drei Personen) pro Person; Metro Alpin: Hin- und Rückfahrt 69 SFr, ermäßigt bzw. Kinder 34,50 SFr
Essen & Trinken: in Saas-Fee oder im Drehrestaurant Allalin, Bergstation der Metro Alpin, Tel. 027 / 957 17 71, www.dreh restaurant-allalin.ch
Web: www.saas-fee.ch
Sonstiges: Bergführer für die Tour findet man im ganzen Wallis.

Mit dem Schneefahrrad die Piste hinab

Wintersport mal anders: Mit dem Snowbike lässt sich die Piste im Sitzen erkunden.

Das Snowbike, auch Skibob genannt, ist eine Art Schneefahrrad mit Kufen statt Rädern, das im Sitzen und mit Kurzskis an den Skischuhen gelenkt wird. Abgesehen von einer kleinen Gruppe eingefleischter Fans, kennt kaum jemand dieses außergewöhnliche Sportgerät. Grächen ist da eine Ausnahme: Der Ort war schon mehrmals Austragungsort für Snowbike-Wettkämpfe, bei denen die Grächner immer wieder gut abschneiden.

Das Hochplateau am Eingang des Mattertals eignet sich gut, um das Snowbike einen halben oder ganzen Tag lang zu testen – am besten unter professioneller Anleitung durch einen der zahlreichen Skilehrer des Ortes. Das Gefährt verlangt zwar etwas Balance vom Fahrer, aber es reichen bereits wenige Stunden, um es zu beherrschen. Und schon kann man gemütlich die schönen Pisten des Skigebiets herunterkurven.

KARTE ▶ D3

Was: Snowbike-Schnupperkurs
Wo: Grächen
Wann: Dez.–April
Wie viel: Miete 30 SFr, Gruppenunterricht (zwei Stunden) ca. 40 SFr, Privatunterricht (eine Stunde) 55 SFr (Einzelperson) bis 70 SFr (vier Personen)
Essen & Trinken: Lokale im Ort und auf der Piste
Web: www.snowbike-graechen.ch; www.graechen.ch
Sonstiges: Snowbikes bei Wannihorn Sport, Tel. 027/ 956 12 89, www.wannihorn.ch; Skilehrer bei der Skischule Grächen, Tel. 027 / 956 17 77, www.skischule-graechen.ch

Schneezauber mit dem Matterhorn im Blick

Von weither kommen die Gäste, um auf Zermatts Pisten ins Tal zu flitzen oder sich stundenlang an einer der Schneebars in die Sonne zu legen. Zermatt ist in den letzten Jahren zu einem internationalen Topziel geworden – und gleichzeitig doch ein Bergdorf geblieben.

Nachts steigt hier nicht die große Schickimicki-Sause – die meisten Gäste sinken nach einem exquisiten Essen lieber zufrieden und rechtzeitig ins Bett. Das mag am Publikum liegen, am ruhigen Ort, durch den nur Elektroautos fahren dürfen – oder am Skigebiet selbst. Allzu traumhaft ist der Blick aufs Matterhorn, allzu verlockend die Vielzahl der Lifte und Abfahrtsmöglichkeiten auf den insgesamt 350 Pistenkilometern. Daneben locken kulinarische Genüsse, wie in Findeln oberhalb von Zermatt das Kalbskotelett im Findlerhof oder das gegrillte »Mistkratzerli« (junges Hähnchen) in der Adler-Hütte, wo die Piste fast bis zum Grill reicht. Da steht man lieber tagsüber länger auf den Skiern und abends weniger lange an der Bar. Bis auf fast 4000 m Höhe reicht das Skigebiet. Wer will, kann die italienische Grenze überqueren und sich von Breuil-Cervinia aus das Matterhorn von der anderen Seite anschauen.

Ganz Verwegene machen sich auf die »Matterhorn Ski Safari«. Wer dem Safariplan folgt, kann so an einem Tag bis zu 12 500 Höhenmeter zurücklegen, ohne zweimal die gleiche Piste zu benutzen. Da bleibt am Abend keine Energie für eine lange Nacht!

Mittagspause mit Aussicht: müde Skifahrer in Zermatt.

KARTE ▶ D4

Was: Skifahren in Zermatt
Wo: Zermatt
Wann: ganzjährig
Wie viel: Tageskarte Erwachsene 74–84 SFr, Kinder (bis ca. zehn Jahre) 37–42 SFr, Jugendliche (bis ca. 16 Jahre) 63–71 SFr; Mehrtageskarten preiswerter
Essen & Trinken: Findlerhof, Tel. 027 / 967 25 88, www.findlerhof.ch; Adler-Hütte, Tel. 027 / 967 10 58, www.adler-hitta.ch, beide in Findeln oberhalb von Zermatt; zahlreiche weitere Restaurants in Zermatt
Web: www.zermatt.ch

XXL-Bergstation

Die Luft ist vergleichsweise dünn auf dem Kleinen Matterhorn. Hier oben hat es niemand mehr eilig, die Ruhe kommt fast wie von selbst. Zu schnell ist in 3883 m Höhe die Puste weg. Bei der Station Trockener Steg müssen die Seilbahn-Passagiere aus Zermatt

einmal umsteigen, danach schaukeln sie schon dicht an einer Felswand entlang Richtung Ziel.

Dort, auf der höchsten Bergstation Europas, realisieren sie allmählich, dass sie gerade mehr als 2000 Höhenmeter überwunden haben. Selbstverständlich wartet hier oben eine Traumaussicht – eine Komposition aus italienischen, französischen und Schweizer Alpengipfeln. Schon seit rund 30 Jahren thront die Seilbahnstation auf dem Berg. 2008 wurde daraus das »Matterhorn Glacier Paradise«, eine nachhaltig erweitertes Gebäude mit Sonnenkollektoren auf der Fassade.

Darin können Bergsteiger übernachten und Gäste Souvenirs kaufen, einen Gletscherpalast besichtigen oder asiatisch essen. Und natürlich die Aussicht genießen. Doch auch außerhalb der Station reißt das Vergnügen nicht ab: Das ganze Jahr über sind hier 20 km Pisten geöffnet, auch im Hochsommer, wenn es unten im Rhonetal gerne mal 30 Grad heiß wird.

Auf dem Weg zur höchsten Bergstation Europas, dem »Glacier Paradise«.

KARTE ▶ D5

Was: per Seilbahn auf das Kleine Matterhorn
Wo: Zermatt
Wann: ganzjährig
Wie viel: Hin- und Rückfahrt 90 SFr, ermäßigt / Kinder bis 16 Jahre 45 SFr

Essen & Trinken: Restaurant in der Bergstation, Tel. 027 / 966 02 90; Pizza gibt es am »Trockenen Steg«.
Web: www.matterhornparadise.ch

Sonstiges: Am »Trockenen Steg« empfiehlt sich ein Aufenthalt, damit der Kreislauf durch den großen Höhenunterschied nicht zu stark belastet wird.

Panoramafahrt

Millionen Japaner können nicht irren. Da muss was dran sein an dieser alten elektrischen Zahnradbahn, die 1898 das erste Mal fuhr. Und tatsächlich kommen die »Ooooohs« und »Aaahs« der von weither angereisten Passagiere nicht von ungefähr: Die Fahrt begeistert Reisende schon seit mehr als 100 Jahren. Die steile, rund 10 km lange Strecke ist außerordentlich abwechslungsreich. Viel Zeit zum Fotografieren bleibt aber nicht, denn bereits nach einer halben Stunde Fahrt erreicht der Zug aus Zermatt den Gornergrat, die Endstation in rund 3100 m Höhe. Unterwegs zieht immer wieder das Matterhorn am Fenster vorbei, während der Zug mal durch ein Arven- und Lärchenwäldchen, mal über eine Brücke, die eine tiefe Schlucht überspannt, nach oben zuckelt. Nach der Ankunft wartet oberhalb des Hotels ein weiterer Höhepunkt auf die Passagiere: eine der schönsten Aussichten der Alpen. Rundherum schweift der Blick vom einen zum anderen Gipfel der fast 30 Viertau-

sender, die von hier aus auszumachen sind. Mächtig baut sich das Monte-Rosa-Massiv in der Ferne auf, vor dem sich die zerklüftete Eisfläche des Gornergletschers ins Tal schiebt. Zermatt wirkt von hier oben aus ganz klein – und ist doch nur eine kurze Bahnfahrt entfernt.

Ein Zug der Gornergrat Bahn vor der Prachtkulisse des Matterhorns.

KARTE ▶ D5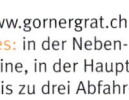

Was: Fahrt mit der Gornergrat Bahn
Wo: Zermatt
Wann: ganzjährig
Wie viel: Hin- und Rückfahrt 78 SFr, ermäßigt / Kinder bis 16 Jahre 39 SFr,

Kinder bis neun Jahre kostenlos
Essen & Trinken: Restaurants im Kulmhotel Gornergrat; Tel. 027 / 966 64 00, www.gornergrat-kulm.ch

Web: www.gornergrat.ch
Sonstiges: in der Nebensaison eine, in der Hauptsaison bis zu drei Abfahrten pro Stunde

Das Drama nach dem großen Triumph

Das Matterhorn-Museum dokumentiert, dass die Geschichte von Zermatt zugleich die Geschichte des Alpinsports ist: Die ersten Touristen kamen im 19. Jh. zum Bergsteigen. Das Museum erzählt auch die Geschichte der Erstbesteigung des Matterhorns.

Als 1865 der Londoner Bergsteiger Edward Whymper zusammen mit Lord Francis Douglas und mehreren Bergführern den Aufstieg wagt, ist der Berg bereits mythisch verklärt. Das Matterhorn ist der letzte unbezwungene Viertausender der Alpen. Die englische Seilschaft startet am 13. Juli um 3.40 Uhr ins Abenteuer. Zusammen mit einem weiteren Expeditionsteam klettert sie höher und höher. Um 13.40 Uhr ist es geschafft, die sieben Männer stehen auf dem Gipfel. Aber beim Abstieg rutscht der unerfahrene Robert Hadow aus. Er reißt Douglas und zwei weitere Männer mit in den Tod. Edward Whymper überlebt. Das ausgefranste Seil liegt heute in einer Museumsvitrine – als Erinnerung an den Triumph, der zugleich eine Katastrophe war.

Da staunen auch die Kleinen: das Originalseil der Matterhorn-Erstbesteigung.

KARTE ▶ D5

Was: Besuch des Matterhorn-Museums
Wo: Zermatt, Kirchplatz, Tel. 027 / 967 41 00
Wann: Mitte Dez. bis eine Woche nach Ostern tgl. 15–19 Uhr, eine Woche nach Ostern bis Juni sowie Okt. tgl. 14–18 Uhr, Juli–Sept. tgl. 11–18 Uhr
Wie viel: 10 SFr, Jugendliche 10–16 Jahre 5 SFr, Kinder bis neun Jahre in Begleitung Erwachsener kostenlos
Essen & Trinken: Restaurants sind im ganzen Dorf zu finden
Web: www.zermatt.ch (unter »Erlebnis«, »Kultur«)

Besuch bei Rilke

Das Örtchen Raron kennen heute meist nur noch Rilke-Fans, die einmal zu seinem Grab auf dem Kirchberg gepilgert sind. Lange Zeit war das anders. Im Mittelalter hatte hier eine der bedeutendsten Walliser Adelsfamilien ihren Sitz. Die Herren von Raron bauten als Zeichen ihrer weitreichenden Macht stolze Burgen und stellten Landesfürsten und Bischöfe. Von der Burg in Raron selbst sind jedoch nur Reste übrig geblieben, einige davon wurden im 16. Jh. beim Bau der spätgotischen St.-Romanus-Kirche miteinbezogen. In das Gotteshaus sollte man unbedingt einen Blick werfen: Schöne Fresken verzieren den Barock-Innenraum. Im alten Pfarrhaus ist ein Museum eingerichtet. Es widmet sich nicht nur der Dorfgeschichte, sondern auch Persönlichkeiten, die mit Raron in Beziehung standen – Rilke etwa, aber auch Albert Schweitzer und die Frauenrechtlerin Iris von Roten. Auch nach dem Machtverlust der Herren von Raron lebten im 17. und 18. Jh. viele im Ort in Wohlstand. Ihr Geld machten die Rarner vor allem durch Handelsgeschäfte. Vom Erlös bauten sie die stolzen Steinhäuser, die noch heute das Dorf-

Die Burgkirche St. Romanus thront hoch über ihrem Glockenspiel.

bild prägen. In den 1970er-Jahren entstand die jüngste Sehenswürdigkeit des Ortes: eine Art Höhlenkirche, deren großer Innenraum komplett in den Fels gesprengt wurde. Wer nach dem Dorfrundgang Lust auf einen weiteren Ausflug hat, kann in Raron-Turtig die Seilbahn hinauf zu den südlichen Gemeinden Eischoll oder Unterbäch nehmen.

KARTE ▶ D3

Was: Besichtigung von Raron
Wo: Raron
Wann: ganzjährig
Essen & Trinken: mehrere Restaurants in Raron, z. B. das Restaurant Schmitta,

Tel. 027 / 934 22 33, www.schmitta-raron.ch
Web: www.raron-niedergesteln.ch
Sonstiges: Das Museum auf der Burg ist Juni–Ende Sept. tgl. 10–16 Uhr geöff-

net (Erwachsene 4 SFr, Jugendliche bis 17 Jahre 2 SFr, Kinder bis sieben Jahre gratis).

Einmal über die Alpen

Eine Wanderung über den Lötschenpass fühlt sich geradezu episch an: Zu Fuß über die nördliche Alpenkette, vom Wallis bis ins Berner Oberland! Dabei ist der Weg in fünf Stunden zu bewältigen: Auf die Lauchernalp surrt eine Seilbahn, und auf der anderen Seite im Gasterntal fährt ein Wanderbus nach Kandersteg herunter. Wenn Sie auf der Lauchernalp doch keine Lust auf den Anstieg zum Pass haben, können Sie gemütlich in drei Stunden über den Lötschentaler Höhenweg zur Fafleralp wandern.

Wenn Sie den Weg zum Pass wählen, ist die Dramaturgie des Naturschauspiels perfekt: Auf der Lauchernalp ist noch alles grün und lieblich, und die Ausblicke ins weite Lötschental sind grandios. Dann wird die Landschaft zunehmend karger. Der Wanderer betritt eine Steinwüste mit kleinen Seen, die im blanken Fels wie Oasen wirken. Während im Tal die Sonne brennt, weht hier oben oft ein kühler Wind. Nach rund 2,5 Stunden erreicht man die Lötschenpass-Hütte – ein guter Rastplatz, um für den steilen Abstieg Kraft zu sammeln. Über 1000 Höhenmeter weiter unten liegt das Ziel. Der Weg führt sogar über einen Gletscher, aber so schnell das Hochgebirgsgefühl angefangen hat, hört es

Den Kühen nach zum Pass: Aufstieg mit Blick ins Lötschental.

KARTE ▶ D2

Was: Wanderung über den Lötschenpass
Wo: Lauchernalp
Wann: Sommermonate
Essen & Trinken: Einkehrmöglichkeiten auf der Lauchern- und Gfelalp, in der Lötschenpass-Hütte (Tel. 027 / 939 19 81, www.loetschenpass.ch) und in Selden
Web: www.loetschental.ch
Sonstiges: Der recht anspruchsvolle Alpinweg erfordert Trittsicherheit und Kondition. Der Bus von Selden nach Kandersteg muss reserviert werden (Tel. 033 / 671 11 72), der Fußmarsch dauert ansonsten ca. 2,5 Stunden.

auch schon wieder auf: Plötzlich ist die Landschaft wieder grün, und das wildromantische Gasterntal kommt dem Wanderer in den Blick. Mit dieser atemberaubenden Kulisse setzt auch das Gebimmel der Kuhglocken wieder ein. Von der Gfelalp geht es weiter nach Selden und per Bus nach Kandersteg. Dort halten die Züge, ehe sie im Lötsch-berg-Tunnel verschwinden – und ihn erst im Wallis wieder verlassen.

Schon zu prähistorischer Zeit begingen Menschen den Pass, wie Funde aus der Bronze- und Eisenzeit belegen. Bis ins Mittelalter galt der Lötschenpass neben dem Gemmipass als wichtigste Verbindung zwischen dem Berner Oberland und dem Wallis. Als Handelsweg hatte er in erster Linie als Verlängerung der aus Oberitalien kommenden Simplonroute in die Nordschweiz eine enorme Bedeutung. Die Reisenden und Händler verhalfen den an der Aufstiegsroute gelegenen Orten zu bescheidenem Wohlstand.

Langer Gletscher im Tal der Täler

Das Lötschental ist ein Tal wie aus dem Bilderbuch. In der Ebene wächst sattgrünes Gras, ein rauschender Bach durchquert die Wiesen, und ab und zu taucht ein Dörfchen mit idyllischem Namen wie Kippel oder Wiler auf. Dichte Waldstücke säumen die Hänge, während in den Höhenlagen die Sonne auf ein Hochplateau scheint. Ein mächtiger Gletscher schließt das Tal nach oben hin ab. Die Wande-

KARTE ▶ D2

Was: Wanderung Fafleralp – Anenhütte – Fafleralp
Wo: Parkplatz Fafleralp
Wann: Juni–Okt., wenn die Berghütte geöffnet hat
Essen & Trinken: Anenhütte und Hotel Fafleralp (Tel. 027 / 939 14 51, www.fafleralp.ch)
Web: www.loetschental. ch; www.anenhuette.ch
Sonstiges: Infos zur Anenhütte und zu den Wetterverhältnissen sowie Reservierung unter Tel. 079 / 864 66 44; eine Wanderkarte ist im Tourismusbüro in Wiler erhältlich (Talstation Lauchernalp, Tel. 027 / 938 88 88).

rung dorthin ist eine der besten Möglichkeiten, das Lötschental näher kennenzulernen.

Bei der Fafleralp beginnt die etwa vierstündige Rundwanderung zur Anenhütte und zurück. Sie führt zu-

In unmittelbarer Umgebung der Anenhütte gibt es einen extra angelegten Klettergarten für Familien, Anfänger, Fortgeschrittene und Könner. Interessierte brauchen keine Vorkenntnisse. Material kann auf der Hütte geliehen werden. Peter Tscherrig, der Hüttenwirt der Anenhütte, bietet auch privat geführte Klettertouren an.

nächst zum glasklaren, eisig kalten Grundsee – der erste schöne Rastplatz. Danach wird die Landschaft zunehmend karger, sie bleibt aber außerordentlich faszinierend: Der Fluss Lonza, etwas weiter unten ein tosender Wildbach, fließt hier sich windend durch die Hochebene. Langsam nähert man sich dem Langgletscher.

Wer möchte, kann hier einen Umweg machen und die Gletschertore besichtigen, aus denen das Schmelzwasser abfließt und die Lonza speist. Wie zwei Eingänge eines großen Eisenbahntunnels liegen die Tore im Schotter, unaufhörlich rauscht es aus ihrem Innern. 600 Höhenmeter müssen auf der Wanderung insgesamt überwunden werden, doch die Anstrengung lohnt sich.

Am Ziel wartet dann die Anenhütte von Peter und Prisca Tscherrig-Schäppi, eine der wenigen Berghütten in den Alpen mit moderner (und gelungener!) Architektur. Hier gibt es einfache, aber köstliche Speisen wie Trockenfleischteller, Käseschnitten und Suppen. Das ganze Lötschental breitet sich vor den Gästen aus. Und wer sich umdreht, sieht den imposanten Langgletscher. Das Übernachtungsangebot reicht von einem Platz im Mehrbettzimmer bis zur Anensuite mit eigener Dusche.

Auch auf den Rückweg darf man sich freuen – eine schöne Route führt auf der anderen Seite der Lonza über die Guggialp zurück zum Parkplatz.

TURTMANNTAL
Erkundungstour mit Wanderung

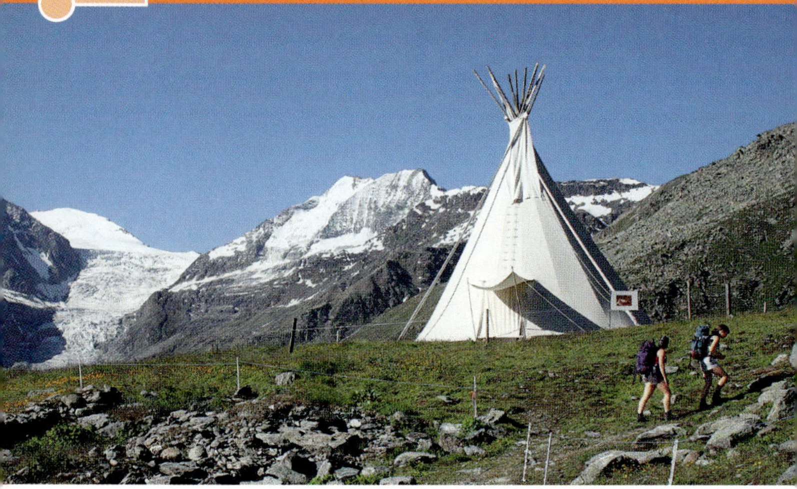

Weit oben im Turtmanntal stehen mehrere »Alpentipis«.

Unterwegs in Ruhe und Einsamkeit

In Turtmann selbst findet man schöne Patrizierhäuser aus dem 16. und 17. Jh., doch je weiter man hinter dem Ort hinaufsteigt, desto ursprünglicher wird die Natur. An den Hängen oberhalb des 40 m hohen Wasserfalls sind die Wiesen sattgrün. Hier gibt es viele Wandermöglichkeiten, z. B. den Adlerpfad, eine Rundwanderung von Ergisch aus (ca. fünf Stunden), oder den Bärenpfad von Unterems nach Oberems (ca. drei Stunden). In Oberems starten Busse, die Gäste weiter ins Tal hineinbringen. Durch dichten Wald führt die Straße nach oben, bis die Landschaft menschenleer wird. Nur an wenigen Stellen stehen wie hingeworfen einige Häuser. Das macht diesen Teil des Tals zu einem traumhaften Wandergebiet für alle, die sich nach Ruhe sehnen. Und wer die Herausforderung sucht, läuft neben dem Turtmanngletscher ohne Seil und Steigeisen bis auf das Barrhorn – mit 3610 m der höchste Bergwandergipfel der Alpen.

KARTE ▶ D3

Was: Wanderung
Wo: Turtmanntal
Wann: Sommermonate
Essen & Trinken: Restaurants u. a. in Turtmann, Oberems, Ergisch und weiter oben im Tal in Gruben
Web: www.turtmanntal.ch
Sonstiges: Weitere Auskünfte gibt es im Infocenter in Turtmann oder über Tel. 027 / 932 34 18; mehr Informationen über den Kulturweg unter Tel. 027 / 932 32 03, www.altesturtmann.ch. Eine Übernachtung im »Alpentipi« kostet 12 SFr (Kinder bis zwölf Jahre 7 SFr), Infos unter Tel. 027 932 26 14, www.alpentipi.ch.vu

Der längste Klettersteig der Schweiz

Früher nur für Kletterprofis zugängliche Routen in spektakulären Felswänden werden als Klettersteige plötzlich auch für ein breiteres Publikum zu einer machbaren Herausforderung. Leitern erleichtern das Überwinden steiler Stellen, während durchgehende Drahtseile, in die Karabiner eingehängt werden, für Sicherheit sorgen.

Oberhalb von Leukerbad verläuft nicht nur der längste, sondern wahrscheinlich auch der spektakulärste Klettersteig der Schweiz und gleichzeitig die anspruchsvollste Variante dieses Bergsports: ED, die Schwierigkeitsstufe des Steigs, steht für »extremly difficult« – extrem schwierig. Wobei sich das auf das Bergsteigen, nicht auf Klettern bezieht! Der Klettersteig Gemmi-Daubenhorn ist daher nur schwindelfreien und geübten Berggän-

gern zu empfehlen. Vom Gemmiweg führt der Steig mitten in die steile Felswand hinein. 1000 Höhenmeter müssen bis zum Gipfel des Daubenhorns (2941 m) überwunden werden; rund acht Stunden sind dazu nötig. Falls die Kondition nicht ausreicht, gibt es nach dem ersten Drittel die Möglichkeit, wieder zurück nach Leukerbad abzusteigen. Wer weitergeht, durchsteigt auf dem Weg zum Gipfel sogar eine etwa 100 m lange Höhle.

Klettersteig der Extreme:
Der Weg aufs Daubenhorn
dauert acht Stunden.

KARTE ▶ D2

Was: Klettersteig Gemmi–Daubenhorn
Wo: Leukerbad
Wann: Juli–Okt.
Essen & Trinken: verschiedene Restaurants in Leukerbad

Web: www.leukerbad.gmxhome.de
Sonstiges: Bei Regen und Gewitter sollte der Steig nicht begangen werden. Notwendig ist neben gutem Schuhwerk und

Kleidung weitere Ausrüstung wie Helm und Klettersteigset.

Warme Becken vor schroffen Felsen

3000 l warmes Wasser sprudeln pro Minute aus den Thermalquellen von Leukerbad. Die Bäder wurden im Mittelalter erstmals erwähnt, vermutlich haben sich aber schon die Römer in ihnen erholt. Heute ist Leukerbad einer der attraktivsten Kurorte für einen Entspannungsurlaub in den Alpen. Die Lage des Dorfes ist außergewöhnlich: Die Häuser stehen weit oben in einem Talkessel und sind auf fast allen Seiten von hohen Felswänden umgeben. Diese erscheinen vor allem im Winter eher ungastlich. Doch genau darin liegt der Reiz: Während sich die Kurgäste in den wohlig warmen Außenbecken der Thermen erholen, blicken sie auf ein beeindruckendes Panorama aus Fels und Eis. Das Burgerbad besitzt neben dem Wellnessbereich auch eine Rutsche und ein Kinderspielbecken und eignet sich daher besonders für Familien. Die Alpentherme ist ruhiger und bietet vom Außenbecken den schönsten Blick auf das Bergpanorama.

Becken mit Aussicht: im warmen Wasser vor Felswänden kuren.

KARTE ▶ D2

Was: Kuren in Thermalquellwasser
Wo: Leukerbad
Wann: ganzjährig
Essen & Trinken: Zahlreiche Restaurants im Ort, beliebt ist z. B. die Walliser Kanne im Hotel De la Croix-Fédérale, Kirchstrasse 43, Tel. 027 / 472 79 79, www.croix-federale.ch. Reservierung sinnvoll

Web: www.leukerbad.ch; www.alpentherme.ch; www.burgerbad.ch
Sonstiges: Das Tourismusbüro befindet sich im Rathaus, Tel. 027 / 472 71 71.

Die grüne Sprachgrenze des Wallis

Für Sprachforscher stellt der Pfynwald die Kulturgrenze im Kanton
dar: Westlich davon sprechen die
Walliser Französisch, östlich davon
Deutsch. Für Sagenforscher dagegen ist er Quelle zahlreicher Legenden über Wegelagerer, Hexen und
verwunschene Plätze. Für Naturfor-
scher schließlich stellt der 10 qkm
große Naturpark ein spannendes
Erkundungsgebiet dar: In dem Föhrenwald und der Auenlandschaft,
durch die sich die ansonsten stark
kanalisierte Rhone ihren eigenen
Weg sucht, leben mehr als 130 Vogelarten. Dazu tummeln sich hier
Biber, Dachse, Frösche, Libellen
und Nattern. Und nicht zuletzt ist
der Pfynwald auch ein außerordentlich schönes Ausflugsziel. Ein
empfehlenswerter Einstieg ist der
Rundweg vom Bahnhof Leuk-Sus-
ten zur »Bhutanbrücke« und zurück (ca. 2,5 Stunden). Der Weg
verläuft entlang des Illgrabens, eines der aktivsten Murganggebiete
der Welt: Bei andauernden starken
Regenfällen kommt es hier mitun-
ter zu Murgängen, bei denen das
ansonsten kleine Rinnsal zu einem
mächtigen Strom aus Schlamm und
Schutt anwächst. Über den Graben
wurde in Kooperation mit bhutane-

Die »Bhutanbrücke« im Pfynwald – Asien
in der Schweiz.

sischen Ingenieuren eine 134 m
lange Brücke errichtet. Wenn sie
die Brücke überquert haben, können die Ausflügler auf der anderen
Seite durch den Föhrenwald zurück
zum Bahnhof wandern.

KARTE ▶ C3

Was: Spaziergang im
Naturpark
Wo: Der Park lieg zwischen
Sierre und Susten.
Wann: am besten in den
Sommermonaten

Essen & Trinken: Restaurant des Campingplatzes
Bella Tola (Susten, Wald-
strasse 57, Tel. 027 / 473
14 91, www.bella-tola.ch)
Web: www.pfyn-finges.ch

Sonstiges: Weitere Informationen zum Park gibt
das Natur- und Land-
schaftszentrum in Sal-
gesch (Sa / So geschl.):
Kirchstrasse 4,
Tel. 027 / 452 60 60.

Ein lehrreicher Gang durch Reben und Geschichte

Schon seit rund 2500 Jahren wird im Wallis Wein angebaut. Doch die große Tradition, die bis zu den Kelten zurückreicht, sorgt nicht automatisch für Qualität: Johann Wolfgang von Goethe z. B., der die einheimischen Tropfen 1779 auf seiner Reise durch das spätherbstliche Wallis anscheinend ausgiebig kostete, mochte den gelagerten Wein nicht – er war ihm zu sauer. Lieber trank der Dichter den jungen Wein, der dafür aber »aussehe wie Seifenwasser«.

Zur damaligen Zeit war Wein ein leichtes Alltagsgetränk, ein landwirtschaftliches Produkt wie Getreide oder Kartoffeln. Über Jahrhunderte war aus diesem Grund beim Anbau nicht der Geschmack das entscheidende Kriterium, sondern die Menge. Aus dem Wallis exportiert werden Weine erst seit dem 19. Jh., als der Bau einer Bahnstrecke den Transport erheblich erleichterte.

Würde Goethe heutzutage durch den Kanton reisen, hätte er sicherlich weit weniger zu beanstanden: Die große Mehrheit der Walliser Winzer setzt mittlerweile ganz bewusst auf Qualität statt auf Quantität. Das liegt nicht zuletzt am unermüdlichen Engagement der Önologin Madeleine Gay, die sich schon seit einigen Jahren bei der großen Walliser Genossenschaft Provins besonders für Weine aus alten, fast in Vergessenheit geratenen Rebsorten einsetzt.

Weinliebhaber sollten unbedingt das Walliser Reb- und Weinmu-

---

KARTE ▶ C3

Was: Besuch des Reb- und Weinmuseums mit Lehrpfad
Wo: Sierre, Rue de Saint-Catherine 4, Tel. 027 / 456 35 25 / Salgesch, Museumsplatz,

Tel. 027 / 456 45 25
Wann: März–Nov., Di–So 14–17 Uhr
Wie viel: Erwachsene 6 SFr, Familie 14 SFr
Web: www.walliserwein-museum.ch

Sonstiges: Zwischen Sierre und Salgesch verkehren Regionalzüge.

Herbstlicher Weinberg zwischen Sierre und Salgesch.

seum besuchen. Es besteht aus zwei Teilmuseen, die über einen Lehrpfad miteinander verbunden sind, der mitten durch die Rebberge führt. Ein Spaziergang auf dem 6 km langen Lehrpfad von einem Museumsteil zum anderen dauert ungefähr 2,5 Stunden.

Die Ausstellung in Salgesch ist in einem alten, renovierten Bauernhaus, dem Zumofenhaus, im Dorfzentrum untergebracht und dem Anbau, der Rebzucht und dem Prozess des Kelterns gewidmet. Ein Schwerpunkt liegt dabei auf den Keltergeräten und deren Wandel im Lauf der Zeit. Zu sehen ist u.a. eine Holzkelter mit Zentralschraube aus dem Jahr 1814.

Die Ausstellung im Meyerhaus in Sierre hingegen beschäftigt sich mit den kulturellen und historischen Aspekten des Weins, etwa dessen Rolle in der Gesellschaft und mit dem Weinhandel. Dieser Teil des Museums lüftet die Geheimnisse der Familienkeller und erzählt die Entwicklung der Handelskellereien. Hier geht es um den Wein als Alltagsgetränk in der Walliser Gesellschaft – sogar um seine Funktion als Medikament!

Das Château Mercier oberhalb von Sierre wurde zwischen 1906 und 1908 erbaut.

Die Stadt der Schlösser

Sierre ist sonnenverwöhnt, doch ein Besuch lohnt sich auch wegen der schönen Gebäude und lauschigen Ecken. Die Stadt mit ihren Schlössern lässt sich gut zu Fuß erkunden. Die Touristeninformation am Bahnhof hält dazu eine kostenlose Broschüre bereit. Die schönsten Gebäude liegen gleich am Anfang des Wegs im Viertel Bourg. Es hat sich im 14. Jh. entwickelt und wurde zuerst vom Adel, dann von Handwerkern bewohnt. Hier stößt man auf das schlossartige Rathaus (17./19. Jh.), das Château des Vidomnes mit seinen markanten Ecktürmchen, das aus dem 15. Jh. stammt und damit eines der ältesten Gebäude der Stadt ist, die Barockkirche Sainte-Catherine und das Patrizierhaus de Courten, in dem die Rilke-Stiftung ihren Sitz hat (s. Tipp 38). Man kann aber auch 2 km hinauf nach Veyras marschieren, wo Rilkes Wohnturm liegt und ein Museum die Werke des Malers Charles-Clos Olsommer (1883–1966) zeigt.

KARTE ▶ C3

Was: Stadtrundgang in Sierre
Wo: Sierre
Wann: ganzjährig, Musée Olsommer: Jan.–Sept. Sa / So 14–17 Uhr, Juli / Aug. Do–So 14–17 Uhr

Essen & Trinken: Hôtel-Restaurant Didier de Courten, Rue du Bourg 1, Tel. 027 / 455 13 51, www.hotel-terminus.ch. Menü im Gourmetrestaurant ab 150 SFr pro Person.

Web: www.sierre-anniviers.ch; www.musee-olsommer.ch
Sonstiges: Tourismusbüro am Place de la Gare, Tel. 08 48 / 848 027

Jahre auf Muzot

»Stilles Land, von dem die Propheten schweigen, Land, das seinen Wein bereitet; wo Hügel noch die Schöpfung fühlen und das Ende nicht fürchten!«

Derart beschreibt der Dichter Rainer Maria Rilke (1875–1926) das Wallis, seine letzte Heimat. Er zieht 1921 in den Wohnturm Muzot etwas oberhalb von Sierre und wohnt dort – abgesehen von einem sechsmonatigen Aufenthalt in Paris – bis kurze Zeit vor seinem Tod. Gerne und sehr häufig begibt er sich auf ausgedehnte Spaziergänge durch die Rebberge, die gleich in der Nähe seines Hauses beginnen. Und er versucht verzweifelt, seine Schreibblockade zu überwinden, die ihn seit mehreren Jahren davon abhält, seinen großen Gedichtszyklus, die »Duineser Elegien«, zu vollenden.

Rainer Maria Rilke auf einer Steinmauer in seinem Wohnort Veyras.

Tatsächlich beginnt Rainer Maria Rilke ab Februar 1922 wieder zu schreiben. Der Grund für diese positive Entwicklung ist unbekannt, jedenfalls befindet sich Rilke acht Tage lang in einem »namenlosen Sturm«, und dank dieses »Orkans im Geist« kann er die Elegien beenden. Bis heute ist der deutsche Dichter in der Gegend präsent: Seit 1986 kümmert sich die Rilke-Stiftung in einem schön restaurierten Patrizierhaus in Sierre um die verschiedenen Nachlässe und Sammlungen. In dem Gebäude hat sie auch ein kleines Museum über Rilkes Walliser Jahre eingerichtet und zeigt dort verschiedene Briefe, Fotos, Zeichnungen und Manuskripte aus dieser Zeit.

KARTE ▶ C3

Was: Museumsbesuch in der Fondation Rilke
Wo: Sierre, Maison de Courten, Rue du Bourg 30, Tel. 027 / 456 26 46
Wann: April–Okt., Di–So 14–18 Uhr

Wie viel: Erwachsene 6 SFr, Kinder bis 16 Jahre kostenlos
Web: www.fondationrilke.ch

Sonstiges: Die Stiftung organisiert auch Lesungen, Vorträge und Sonderausstellungen. Das aktuelle Programm ist auf der Homepage abrufbar.

Gaumenfreuden im Schloss

Es sind die einfachen Dinge, die in der Region besonders gut schmecken, z. B. das Walliser Roggenbrot, ein kräftiges Sauerteigbrot. Mit Butter bestrichen und mit Salz bestreut, ist es ein großer Genuss. Perfekt dazu passt das Walliser Trockenfleisch – mit Kräutern und Salz eingeriebenes Rindfleisch, das

bis zu 16 Wochen lang an der Luft trocknet. Eine weitere klassische Kombination bietet das Château de Villa in Sierre zum Probieren an: Käse und Wein. 640 verschiedene Walliser Weine lagern dort im Keller. Besonders interessant sind die Weine aus regionalen Traubensorten, allen voran der Weißwein Petite Arvine, ein komplexer, dichter Wein mit leichter Salznote. Köstlich ist auch der rote Humagne Rouge, eine alte Kreuzung aus dem nahen Aostatal. Und auch der rote Pinot Noir gedeiht gut hier. Mit dem weißen Chasselas oder Fendant, der in Deutschland als Gutedel bekannt ist, gehört er zu den am häufigsten angebauten Rebsorten der Region. Der Fendant gilt als perfekter Begleiter zum Raclette, der Walliser Spezialität. Hauptzutat ist geschmolzener Rohmilchkäse, der von einem erhitzten halben Laib abgestrichen wird. Dazu werden Pellkartoffeln, saure Gurken und Silberzwiebeln gereicht. Auch das kann man im Château de Villa erleben: beim Degustations-Raclette mit fünf Käsesorten aus fünf Walliser Tälern.

Edle Tropfen im Château de Villa.

KARTE ▶ C3　　　　　　　　　　

Was: Raclette- und Weindegustation
Wo: Sierre, Château de Villa, Rue de Sainte-Catherine 4, Tel. 027 / 455 18 96
Wann: ganzjährig

Wie viel: Raclettedegustation 31 SFr, mit kleinem Trockenfleisch-Teller als Vorspeise 44 SFr
Web: www.chateaudevilla.ch

Sonstiges: Weitere Informationen zum Walliser Wein gibt es auf der Seite www.lesvinsduvalais.ch und auf der Seite der Weingenossenschaft, www.provins.ch.

Was ist bloß ein Maiensäss?

Schlicht und einfach: die typische Einrichtung in einem »Maiensäss«.

Oberhalb von Aminona eröffnete 1996 ein kleines Alpmuseum. Im »Relais de Colombire« gibt es ein Restaurant und eine Ausstellung, die über die Arbeit und Organisation auf einer Genossenschaftsalp informiert. Für diese Alpwirtschaft schlossen sich mehrere Bauern zusammen und beauftragten einen Senn, sich um ihr Vieh zu kümmern. Das 2010 eröffnete Ökomuseum wiederum ist der saisonalen Wanderviehwirtschaft gewidmet, bei der die Bauern mit ihren Tieren jede Saison in die Höhe übersiedelten. Die Ausstellung wird in mehreren Gebäuden gezeigt, die in der Umgebung ab- und hier originalgetreu wieder aufgebaut wurden. Diese »Maiensässen« waren einfache Hütten auf rund 1500 m Höhe, bei denen die Bauern ihr Vieh vor und nach dem Sommer auf der Hochalp weiden ließen. Das Ökomuseum kann nur im Rahmen einer rund einstündigen Führung besichtigt werden, die regelmäßig in mehreren Sprachen stattfindet.

KARTE ▶ C2

Was: Ökomuseum und Restaurant
Wo: im Osten von Crans-Montana bei Plumachit
Wann: Sommer- und Wintersaison, Führungszeiten auf Anfrage

Wie viel: Ökomuseum mit Führung: für Erwachsene 10 SFr, für Kinder von sechs bis 16 Jahren 5 SFr
Essen & Trinken: Das Restaurant serviert regionale und saisonale Gerichte.

Web: www.ecomusee-colombire.ch
Sonstiges: Der Weiler ist zu Fuß sowie per Ski (Winter) und PKW (Sommer) erreichbar. Infos unter Tel. 079 / 880 87 88.

Abschlag mit Aussicht – und viel Sonne

Das Hochplateau Crans-Montana liegt auf der Nordseite des Rhonetals und ist daher besonders sonnenreich. Das freut die Skifahrer im Winter und die Golfer im Sommer. Schon 1906 wurde hier auf rund 1500 m Höhe der erste Golfplatz angelegt — mit Sicht auf die majestätische südliche Alpenkette mit Matterhorn und Montblanc.

Damit besitzt Crans-Montana eine der ältesten Golfanlagen der Schweiz. Große Tradition haben die Swiss Open, die der Golf-Club Crans-sur-Sierre einmal jährlich organisiert. Das erste Turnier fand vor über 70 Jahren statt. Seit 1983 ist es ein European Masters und somit eine der Stationen der PGA European Tour. Jedes Jahr Anfang September messen sich die Profis auf dem von Severiano Ballesteros geplanten 18-Loch-Platz. Abschlagen kann man aber auch auf dem Neun-Loch-Parcours von Jack Nicklaus. Dazu kommen zwei weitere Neun-Loch-Plätze, die für alle offen sind: der »Golf-Club de Noas« in Chermignon-d'en-Bas und der »Pitch & Putt«-Rasen bei den Super-Crans-Häusern, der sich gut für Anfänger und zur Verbesserung der Technik eignet.

Golfen in Crans-Montana: Bergsport mal anders.

KARTE ▶ C3

Was: Golf spielen
Wo: Crans-Montana
Wann: Mai–Ende Okt.
Wie viel: Green Fee Super-Crans 22 SFr, Noas 30 SFr, Crans-sur-Sierre 80–190 SFr (je nach Saison)

Essen & Trinken: Hotel-restaurant Le Mont-Paisible in Randogne (4-Gän-ge-Menü abends 51 SFr, Chemin de Mont-Paisible 12, Tel. 027 / 480 21 61, www.montpaisible.ch)

Web: www.crans-monta na.ch; www.golfnoas.ch; www.omegaeuropeanmas ters.com; www.golfcrans. ch
Sonstiges: Touristinforma-tion, Tel. 027 / 485 04 04

Macht auch Ungeübten schnell Spaß: Schneeschuhwandern.

Im Schnee von der Sonne bis zum Neptun

Die kleinen Skiregionen im Val d'Anniviers gehören zu den ruhigsten im Wallis. Entsprechend bieten sie erholsame Alternativen zur schnellen Abfahrt: Verschiedene Schneeschuhrouten führen durch die verschneite Berglandschaft. Anfänger finden im Wintersportgebiet von St. Luc und Chandolin mit dem 5 km langen Planetenweg eine gute Einstiegsstrecke. Nach ein paar Übungsschritten fällt das Schneeschuhlaufen leicht, der Weg wird sogar gewalzt. Er führt von der Bergstation Tignousa bis zum Hotel Weisshorn. In dem Gebäude aus dem 19. Jh. lässt es sich wunderbar übernachten – wenn man nicht noch am gleichen Tag den Weg zurücklaufen oder den steilen Pfad hinunter nach St. Luc nehmen möchte. Der Planetenweg beginnt bei einer Sonnenuhr, die symbolisch für das Zentralgestirn Sonne steht, und spiegelt die Distanzen im Sonnensystem wider – nur eben in extrem verkleinertem Maßstab. So erwandert man nicht nur einen Panoramaweg, sondern gleichzeitig in dreifacher Lichtgeschwindigkeit das All: Bis zur Erde ist es nicht weit, bis zum Neptun hingegen braucht der Schneeschuhwanderer 1,5 Stunden.

KARTE ▶ C3

Was: Schneeschuhtour auf dem Planetenweg zum Hotel Weisshorn
Wo: Oberhalb von St. Luc, Bergstation Tignousa
Wann: Mitte Dez.–Ende April

Wie viel: Seilbahn Erwachsene 14 SFr, Kinder 8 SFr
Essen & Trinken: Hotel Weisshorn, Tel. 027 / 475 11 06, www.weisshorn.ch, DZ ab 280 SFr (nur während der Winter-

und Sommersaison geöffnet), Bergstation Tignousa und Restaurants in St. Luc
Web: www.saint-luc.ch
Sonstiges: Touristinformation St. Luc: 027 / 475 14 12

Auf einen Alpensherry ins Postkartendorf

Grimentz im Val d'Anniviers gilt als eines der schönsten Walliser Dörfer. Doch dafür musste sich das pittoreske Postkartenidyll mit den sonnengegerbten Holzchalets und den roten Geranien vor den Fenstern neu erfinden. Über Jahrhunderte lebten die Bewohner hauptsächlich von der Landwirtschaft und der Viehzucht. Dabei mussten sie lange Wege auf sich nehmen: Die Grimentzer hielten Vieh und bestellten Felder im Gebirge, bauten daneben aber auch Wein an – und der gedieh nur in der Talebene bei Sierre. Ab den 1950er-Jahren konnten die Bauern nicht mehr mit der Großproduktion in der Ebene konkurrieren. Viele wanderten ab: In den 1970er-Jahren lebten nur noch 212 Einwohner in Grimentz. Die Lösung war der Fremdenverkehr. Das Dorf etablierte sich als Sommerkurort und Skigebiet – heute zählt es wieder 450 Einwohner. Am besten erkundet man Grimentz auf einer kostenlosen Führung von Jean Vouradoux, der Interessierten jeden Montag sein Dorf zeigt. Die Gäste können auch den seltenen Gletscherwein kosten. Das sherryartige Getränk wird im Bürgerhaus in großen Fässern gelagert. Diese werden nie ganz ausgetrunken, sondern regelmäßig mit neuem Wein aufgefüllt – im ältesten Fass lagern noch einige Liter Originalwein von 1886.

Ein Meer aus Rot und Braun: das Dorf Grimentz.

KARTE ▶ C3

Was: Dorfrundgang mit Gletscherwein-Probe
Wo: Grimentz
Wann: Dorfrundgang jeden Montag um 17 Uhr (Mitte Dez.–April und Mitte Juni–Mitte Okt.)

Essen & Trinken: zahlreiche Einkehrmöglichkeiten im Dorf
Web: www.grimentz-stjean.che

Sonstiges: Informationen über das Dorf gibt es beim Tourismusbüro von Grimentz / St-Jean: Tel. 027 / 475 14 93.

Das Klettern im Abenteuerwald macht auch den Kleinen viel Spaß.

Ein Tag lang Tarzan sein

Es gab eine Zeit, da mieden die Menschen nicht nur das Hochgebirge, sondern auch die Wälder. Bären gab es da, Wölfe, Banditen, Hexen! Heute erklimmen Menschen freiwillig die höchsten Gipfel – und klettern sogar in den Bäumen von Wipfel zu Wipfel. Oberhalb des Dorfes Vercorin bietet ein Abenteuerwald Nervenkitzel für alle kletterfreudigen Gäste. Weit oben in den Bäumen führt ein Parcours durchs Geäst, mal über eine Hängebrücke, mal über ein dickes Netz, mal frei schwebend auf einer der zwölf Seilrutschen. Die Gäste sind durch Helm und Stahlseile gut gesichert. Sechs- bis Neunjährige (Größe von 1,10 bis 1,40 m) können sich auf einer kleineren, einfacheren Runde vergnügen. Größere Kinder (über 1,40 m) und Erwachsene dürfen sich am großen Parcours versuchen: Über zwei Stunden braucht man für die Strecke, auf der immer schwierigere Herausforderungen warten. Wem eine davon zu bunt wird, kann sie aber auch umgehen.

KARTE ▶ C3

Was: Abenteuerwald
Wo: Vercorin, La Forêt de l'Aventure, Tel. 027 / 452 29 07
Wann: Mitte Mai–Ende Juni und Ende Aug.– Mitte Okt.: Sa/So, unter der Woche auf Anfrage ab acht Personen; Ende Juni–Ende Aug./ Mitte–Ende Okt. tgl.
Wie viel: großer Parcours: Erwachsene 44 SFr, Kinder bis 16 Jahren 33 SFr; kleiner Parcours: 22 SFr (beides inkl. Seilbahn Vercorin–Crêt du Midi)
Essen & Trinken: »Buvette« beim Abenteuerpark
Web: www.foretaven ture.ch

TIPP 45

VALLON DE RÉCHY
Wanderung

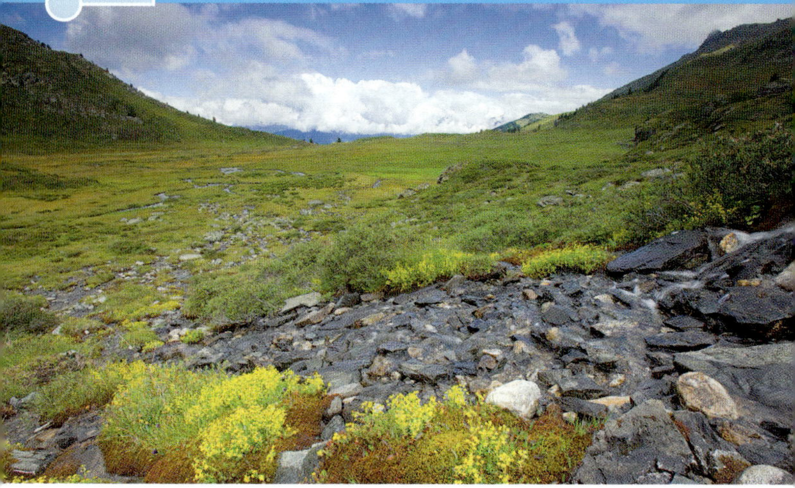

Natur pur: das Hochmoor l'Ar du Tsan.

Hinauf in die chaletfreie Zone

Kurz hinter der Seilbahnstation »Crêt du Midi« wird die Natur rau und ursprünglich – ein perfektes Wandergebiet. In etwa 2,5 Stunden erreicht man von hier über einen Alpweg das Bergdorf Grimentz (s. Tipp 43). Wer will, kann über Tracuit hinunter nach Vercorin laufen (ca. zwei Stunden). Noch schöner ist aber die Ebene l'Ar du Tsan, ein sattgrünes Hochmoor, durch das sich ein Fluss schlängelt. Eine ganz eigene Pflanzenwelt lässt sich hier bestaunen, etwa das Wollgras, das den sumpfigen Boden an manchen Stellen mit weißen Pusteln überzicht. Von hier führt ein Weg weiter hinauf bis zu einem Bergsee, dem Lac du Louché (hin und zurück insgesamt ca. 4,5 Stunden). Ein anderer Weg verläuft entlang des Baches »La Rèche«, der sich seinen Weg durch das wilde Vallon de Réchy hinabbahnt. Über ihn gelangt man zum »Refuge du Bisse«, wo eine alte Wasserleitung Richtung Vercorin abzweigt (von »Crêt du Midi« aus ca. 3,5 Stunden).

KARTE ▶ C3

Was: Wanderung von der Bergstation »Crêt du Midi«
Wo: Vercorin
Wann: Juni–Okt.
Wie viel: einfache Fahrt 8 SFr für Erwachsene, 5 SFr für Kinder

Essen & Trinken: Vercorin, Bergstation »Crêt du Midi«, kleine »Buvette« mit einfacher Gastronomie im Vallon de Réchy auf der Alp La Lé

Web: www.vercorin.ch (Aktivitäten – Sommer – Wanderungen)

Boyo statt Jo-Jo

Im größten Vergnügungspark der Schweiz ist alles etwas anders. Hier wird z. B. nicht mit dem Jo-Jo gespielt, sondern mit dem »Boyo«: Das Prinzip ist dasselbe, nur zieht das riesenhafte Spielzeug den Menschen hoch und nicht umgekehrt – ein großer Spaß für Kinder, auf die der Park ganz zugeschnitten ist. Die meisten Attraktionen stehen – zumindest in Begleitung eines Erwachsenen – schon Drei- bis Vierjährigen offen. Dazu gehören auch die »Nautic Jets«, eigentümliche Gefährte, die eine Rampe hinabsausen, mit 40 bis 80 km/h durch die Luft fliegen und schließlich im Wasser landen. Die 16 Attraktionen des Parks bieten ein buntes Sammelsurium an Vergnügungsmöglichkeiten: Da gibt es eine 11 m hohe Riesenschaukel, eine klassische Achterbahn, eine 60 m lange Rutschbahn, einen 3-D-Simulator und eine Konstruktion namens »Splash River«, eine Art Rafting-Achterbahn, deren Wagen nach rasanter Talfahrt in ein Wasserbecken taucht.

Geschwindigkeitsrausch auf dem »Splash River«.

KARTE ▶ C3

Was: Vergnügungspark Happyland
Wo: Granges, Rue du Foulon
Wann: tgl. 11–18 Uhr, Ende März–Ende Okt.

Wie viel: Erwachsene 25 SFr, Kinder 22 SFr (kostenlos bis drei Jahre und für Geburtstagskinder)
Essen & Trinken: Das Restaurant im Park ist von 11 bis 16.30 Uhr geöffnet.

Web: www.happyland new.ch
Sonstiges: Bei schlechtem Wetter empfiehlt sich ein Anruf: Tel. 027 / 458 34 25. Tiere sind im Park nicht zugelassen.

Bootstour durch die Unterwelt

In der Nähe von Saint-Léonard liegt ein großer See – doch man sieht ihn nicht, denn er verbirgt sich unter der Erde. 300 m ist er lang, 20 m breit und 10 m tief. Das macht das Gewässer laut den Vermarktern zum »größten natürlichen schiffbaren unterirdischen See Europas«. So konstruiert der Superlativ auch ist – die wassergefüllte Höhle ist tatsächlich beeindruckend und lohnt auf jeden Fall einen Besuch. Besonders in der glühenden Sommerhitze, denn unter der Erde bleibt es mit ungefähr 15 Grad angenehm kühl (Vergessen Sie Ihren Pullover nicht!).

Der See wurde 1943 von Jean-Jacques Pittard entdeckt, einem der Gründerväter der schweizerischen Höhlenforschung. Schon seit über 60 Jahren ist Pittards Entdeckung öffentlich zugänglich. Der unterirdische See ist entstanden, weil an dieser Stelle das Wasser zwischen einer Schiefer- und einer Marmorschicht durch weichen Gips fließen und große Teile des Gesteins zersetzen konnte. Gespeist wird das Gewässer einerseits durch Quellwasser aus dem Hochgebirge, andererseits durch Sickerwasser, das nach Regenfällen und durch die Bewässerung der Weinberge entsteht. Heutzutage wird der See farbig ausgeleuchtet, damit die Gäste auf der etwa halbstündigen Besichtigungstour auch etwas sehen. Mehrsprachige Führer rudern die Besucher in großen Booten über das stille Wasser und informieren dabei über weitere Einzelheiten dieser Grotte. Den Eingang zu dieser natürlich entstandenen Sehenswürdigkeit zu finden ist nicht schwer.

Wer mit öffentlichen Verkehrsmitteln reist, fährt am besten per Bahn nach Saint-Léonard. Der See ist ungefähr einen Kilometer vom Bahnhof entfernt und zu Fuß in etwa 15 Minuten zu erreichen. Ansonsten fahren von Sion und Sierre aus auch Busse. Autofahrer gelangen über die Kantonsstraße zwischen den zwei Orten zum Eingang und finden dort kostenlose Parkplätze. Fast 100 000 Besucher besichtigen jedes Jahr die Grotte.

Wer sie nicht mit Unbekannten teilen möchte, kann sie nach der offiziellen Schließung ab zehn Personen auch mieten. Für 45 SFr pro Person wird ein Abendprogramm mit Raclette und Grottenbesichtigung angeboten.

KARTE ▶ C3

Was: Besuch des unterirdischen Sees
Wo: Saint-Léonard, Rue du Lac 21, Tel. 027 / 203 22 66
Wann: Mitte März–Ende Okt., tgl. 9–17 Uhr

(Juni–Sept. bis 17.30 Uhr)
Wie viel: Erwachsene 10 SFr, Kinder 5–16 Jahre 6 SFr
Essen & Trinken: Es gibt eine »Buvette« und eine Picknick-Terrasse; mehrere

Restaurants in Saint-Léonard.
Web: www.lac-souterrain.com

L!NDNER
HOTELS & RESORTS

**HOTELS & ALPENTHERME
LEUKERBAD**
Leukerbad

FASZINATION – FÜR KÖRPER, GEIST UND SINNE.

Umgeben vom eindrucksvollen Panorama der Walliser Alpen liegen die traditionsreichen Lindner Hotels und die Lindner Alpentherme im Herzen von Leukerbad im sonnenverwöhnten Wallis auf 1.411 Metern Höhe.

Die Lindner Alpentherme Leukerbad ist Europas größte und höchstgelegene alpine Medical Wellness-, Beauty-, Sauna- und Thermalbadeanlage.

Ein besonderes Erlebnis für den Erholung und Regeneration suchenden Urlauber ebenso wie für Veranstalter von Konferenzen, Tagungen und Incentives.

Beeindruckend auch das vielfältige Sport- und Freizeitangebot – zu jeder Jahreszeit, 365 Tage im Jahr.

Lindner Hotels & Alpentherme Leukerbad
Dorfplatz
CH-3954 Leukerbad
Fon +41 27 4721 000
Fax +41 27 4721 001
info@lindnerhotels.ch
www.lindnerhotels.ch

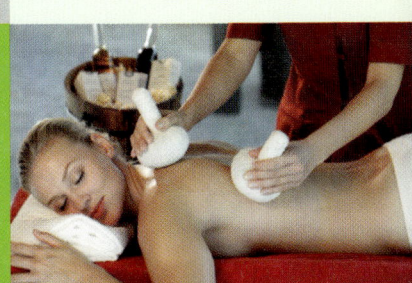

Die charmante Kapitale

Sion ist das urbane Zentrum des Wallis. Zumindest für die Politiker, denn hier in der Hauptstadt wird entschieden, wie es im Kanton weitergeht – selbstverständlich zweisprachig, denn das ist gesetzlich so vorgeschrieben.

Die Kantonsregierung bemüht sich zwar in lobenswerter Weise um den Zusammenhalt der Einwohner des Wallis, doch die Sprachgrenzen bleiben deutlich spürbar: Die deutschsprachigen Oberwalliser reisen eher durch den Lötschbergtunnel nach Bern als das Tal hinab nach Martigny, die französischsprachigen Unterwalliser trifft man dagegen häufig in Lausanne und nur selten in Brig an.

Von dieser Problematik ist in Sion selbst aber nur wenig zu spüren: Tagsüber herrscht in den Straßen geschäftiges Treiben, abends wird es deutlich ruhiger, und plötzlich hört man nahezu nur noch Französisch – die Kantonshauptstadt liegt nun mal im Unterwallis. Und mit südlichem Charme vermag sie auch ihre Gäste zu bezirzen.

Ausgrabungen deuten darauf hin, dass die Gegend schon in der Steinzeit besiedelt war. Die Dolmen (Grabstätten) von Petit-Chas-

seur (2900–2200 v. Chr.) gehören zu den wichtigsten Beispielen des Megalithbaus im Alpenraum. Schon von Weitem stechen einem die beiden markanten Hügel der Stadt ins Auge: Tourbillon und Valère (Valeria). Da man von den beiden Erhebungen aus die ganze Tal-

---

KARTE ▶ C3

Was: Stadtrundgang
Wo: Sion
Wann: ganzjährig
Trinken: Café de la Grenette, Rue du Grand-Pont 24, Tel. 027 / 322 47 09, www.lagreu.ch

Web: www.siontourisme.ch
Sonstiges: Touristinformation, Place de la Planta, Tel. 027 / 327 77 27, Homepage des Marktes: www.mvvsion.ch

Beste regionale Produkte, vom Ziegenkäse aus Grimisuat bis zum Kräuterspeck aus Ayent, gibt es jeden Freitagmorgen bis 14 Uhr auf dem Altstadtmarkt.

In Sion beginnt die Natur gleich hinter Burg und Stadt.

ebene überblickt, erstaunt es nicht wirklich, dass die Mächtigen schon vor Urzeiten Burgen auf ihnen errichteten. Die Burg Tourbillon, auf der einst während des Sommers die Bischöfe residierten, ist allerdings nur noch eine pittoreske Ruine – 1788 brannte das Gebäude aus dem 13. Jh. nieder.

Die Burg Valeria hingegen weist immer noch feste Mauern auf. Vor knapp 1000 Jahren wohnten hier die Domherren der Stadt, heute befindet sich das kantonale Geschichtsmuseum darin (s. Tipp 49). Zum Komplex gehört auch die romanisch-gotische Basilika Notre-Dame. Sie birgt einen wirklichen Schatz: Die 1435 erbaute Orgel gilt als älteste spielbare der Welt.

Ein steiles Gässchen führt hinab in den kompakten alten Stadtkern von Sion. Neben zwei weiteren sehenswerten Gotteshäusern, der spätgotischen Kirche Saint-Théodule und der mehrmals erweiterten Kathedrale Notre-Dame des Glariers, befindet sich hier auch die mit einigem Abstand schönste Straße der Stadt, die Rue du Grand-Pont. Wer durch sie flaniert, kann zahlreiche stolze Patrizierhäuser bewundern.

Dazwischen blitzen immer wieder Weinberge auf, die lediglich einen kurzen Fußmarsch von der Innenstadt entfernt liegen. Ganz besonders stechen auch das Haus Supersaxo (1505) und das um 1660 errichtete Renaissance-Rathaus mit seinem geschnitzten Portal hervor. Beim Löwenbrunnen ist der beste Ort für eine Pause: Im »Café de la Grenette« unter den Arkaden des historischen Getreidemarkts trifft sich die ganze Stadt. Besonders beliebt sind die kostenlosen Konzerte im Juli.

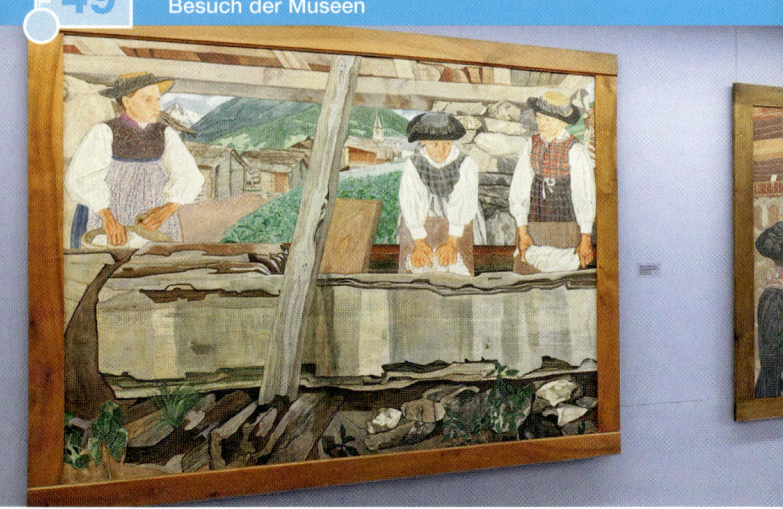

Schönes Schlechtwettervergnügen

Ein Ausflug nach Sion lohnt sich auch bei Regen, denn die Kantonshauptstadt kann mit mehreren hervorragenden Museen aufwarten. Dazu kommen Sonderausstellungen, die u. a. in einem ehemaligen Gefängnis (Ancien Pénitencier) stattfinden. Auf Burg Valeria führt das modernisierte Museum für Geschichte den Besucher in 25 Räumen anschaulich und sehr lebendig durch die interessante Walliser Kulturgeschichte. Trotz der immensen Zeitspanne – die Ausstellung beginnt mit den ersten menschlichen Spuren im Tal vor über 30 000 Jahren und endet mit einem Blick in die Zukunft – werden immer wieder spannende Aspekte herausgegriffen und thematisiert, von der allmählichen Christianisierung über das Söldnerwesen und den industriellen Wandel im 19. Jh. bis zum modernen Tourismus. Erzählt wird dabei nicht nur die Geschichte der herrschenden Oberschicht, sondern auch die der einfachen Leute. Besonders üppig ausgestattet ist die mittelalterliche Abteilung, zu der eine in Europa einmalige

KARTE ▶ C3

Was: Museumstag in Sion
Wo: Sion
Wann: Geschichtsmuseum Juni–Ende Sept. tgl. 11–18 Uhr, Okt.–Ende Mai Di–So 11–17 Uhr; Archäologische Sammlung Juni– Ende Sept. Di–So 13–18 Uhr, Okt.–Ende Mai Di–So 13–17 Uhr; Kunst-museum Di–So 11–17 Uhr; Naturmuseum: Juni–Ende Sept. Di–So 13–18 Uhr, Okt.– Ende Mai Di–So 13–17 Uhr

Wie viel: Geschichtsmuseum und Kunstmuseum: Familien 16 SFr, Erwachsene 8 SFr, Kinder 4 SFr; Naturmuseum: Familien 6 SFr, Erwachsene 3 SFr, Kinder 1,50 SFr; kostenlo-

Die Bilder der Schule von Savièse im Kunstmuseum von Sion.

Sammlung mittelalterlicher Sakristeitruhen mit virtuosen Holzschnitzereien gehört.

Auch das kantonale Kunstmuseum wurde gerade frisch renoviert und umgestaltet. Seine Bildersammlung reicht vom 18. Jh. bis heute. Ein Leitthema ist dabei – wie könnte es auch anders sein – die Darstellung der Berge, von klassischen Malereien bis hin zu abstrakten Umsetzungen wie beim Bild »Der blaue Berg« (1978–1982) von Gottfried Tritten. Ausgestellt werden neben Werken von Walliser Künstlern weitere Bilder mit Wallis-Bezug, darunter das beeindruckende Landschaftsbild »Weinberge bei Sion« (1947) von Oskar Kokoschka. Besonders interessant sind die Künstler der Schule von Savièse, etwa Ernest Biéler und Edouard Vallet: Oft zeigen ihre Bilder eine idealisierte, ursprüngliche Berg- und Bauernwelt – jedoch mit den Mitteln des Impressionismus, Jugendstils und Symbolismus.

Das dritte kantonale Museum im Bunde ist das Naturhistorische Museum. Es existiert bereits seit 1829 und zeigt anhand einer großen Vielfalt an Tierpräparaten und Fossilien die Vielfalt der alpinen Flora und Fauna.

ser Eintritt in alle Museen am ersten Sonntag im Monat
Web: www.museen-wallis.ch; www.siontourisme.ch

Sonstiges: Geschichtsmuseum: Château de Valère, Tel. 027 / 606 47 15; Kunstmuseum: Place de la Majorie 15, Tel. 027 / 606 46 90; Naturmuseum, Avenue de la Gare 42,

Tel. 027 / 606 47 30. Die archäologische Sammlung des Geschichtsmuseums ist einem eigenen Gebäude untergebracht (Rue des Châteaux 12).

Entspannt auf engen Sträßchen

Abenteuerlich schlängelt sich das Sträßchen vom Rhonetal hinauf ins Val d'Hérens (Eringertal). Autofahrer sitzen hier oft angespannt am Steuer und kommen bei Gegenverkehr ins Schwitzen. Andere Menschen dagegen reisen ganz entspannt: Sie nehmen eines der gelben Postautos. Die Fahrzeuge mit der bekannten Dreiklanghupe sind eine echte Institution in der Schweiz, besonders im Alpenraum. Sie sorgen dafür, dass die Kinder sicher in die Schule kommen, die betagte Rentnerin immer noch ihre Freundin in Nachbardorf besuchen kann und Wanderer nach einer Mehrtagestour rechtzeitig zum Bahnhof gelangen.

Das Postauto ins Val d'Hérens hält direkt am Bahnhof von Sion. Von dort aus ist schon bald ein erster Höhepunkt der Fahrt erreicht: Der Bus kurvt vorbei an meterhohen, kegelförmigen Erdpyramiden, wie man sie im Wallis nicht vermutet hätte. Die Türme entstanden während der Gletscherschmelze durch Felsbrocken, die die darunterliegenden Sand- und Lehmmoränen vor Erosion schützten. Auf der Spitze einiger Pyramiden balanciert noch immer ein dunkler Stein.

Dann taucht man immer tiefer in eines der schönsten Täler des Wallis ein. Die wirtschaftliche Entwicklung ging hier nur langsam voran, die Skigebiete und Bauprojekte blieben – außer am Talanfang bei Thyon – klein und überschaubar. Bis heute prägt besonders die ursprüngliche Natur das Gebiet. So erstaunt es auch nicht, dass sich das Val d'Hérens um den Status als Unesco-Biosphärenreservat und Schweizer Naturpark bewirbt. Das Dorf Evolène mit seinen alten Wirtschafts- und Wohnhäusern lohnt eine Besichtigung. Hier sprechen einige Einwohner Patois, eine selten gewordene frankoprovenzalische Mundart. Auch in Les Haudères empfiehlt sich ein Rundgang durch den atmosphärischen Dorfkern, außerdem ist hier Umsteigeplatz für die Buspassagiere. Viele kommen für mehrtägige Wander- oder Skitouren ins Tal und fahren ins abgeschiedene Arolla weiter. Der 2000 m hoch gelegene Ort, von dem aus man auf eine imposante Gletscher- und Bergwelt blickt, ist Ausgangspunkt zahlreicher solcher

Nach dem Val d'Hérens (Eringertal) sind die schwarzen Kampfkühe benannt.

KARTE ▶ C4

Was: Tour mit dem Postauto durchs Tal
Wo: Val d'Hérens
Wann: ganzjährig
Wie viel: Hin- und Rückfahrt von Sion nach Evolène für Erwachsene 28,40 SFr (bis Arolla 42 SFr), für Kinder von 6–16 Jahren 14,20 SFr (bis Arolla 21 SFr), Kinder unter sechs Jahren in Begleitung kostenlos.

Essen & Trinken: Café du Vieux Mazot in Evolène, Tel. 027 / 283 11 25. Hier wird das Raclette noch am Holzfeuer geschmolzen. Gemütlicher Gastraum und regionale Gerichte.

Routen. Bis vor 60 Jahren war er nur über einen Maultierpfad zu erreichen. Der Weg zum Kurhaus von Arolla war früher also recht beschwerlich. Das Gebäude wurde schon im 19. Jh. errichtet. Von hier aus bezwangen einst wohlhabende ausländische Gäste mit lokalen Führern die Gipfel in der Gegend. Mittlerweile ist aus dem Kurhaus eine einfache Wanderunterkunft geworden, und die Wanderwege sind bekannt und beliebt – aber dadurch nicht weniger attraktiv.

Web: www.herens-tourisme.ch, www.post auto.ch
Sonstiges: Für alle, die sich nicht auf eigene Faust ins Tal aufmachen wollen, bietet Hérens Tourisme (Rue Principale 13, Enseigne, Tel. 027 / 281 28 15) eintägige Touren (Juli–Aug., immer Di, 55 SFr Erw., 20 SFr Kinder) und einwöchige Wandertouren (ab 670 SFr mit Essen, Übernachtung und Gepäcktransport) an.

Ohne Wasser kein Wein!

Dass das Wasser im Wallis oft knapp ist, mag ob der vielen Gletscher und der zahlreichen Niederschläge im Hochgebirge erstaunen. Doch die geeigneten Böden für Wein und Obst und Wiesen für die Viehwirtschaft liegen weiter unten im Tal – dort ist es in den Sommermonaten heiß und trocken. Die Wolken regnen sich schon auf dem Weg an den Bergen im Norden und Süden ab. Das Gletscher- und Regenwasser fließt über Wildbäche in oft schwer zugänglichen Tälern und engen Schluchten ab.

Daher hat man bereits im Mittelalter ein System an Wasserleitungen entwickelt. Die Walliser bauten offene Kanäle, mit denen sie die Wildbäche »anzapfen« konnten. Die Errichtung dieser Suonen (»Bisses« auf Französisch) war gefährlich – manchmal mussten die Holzleitungen an steile Felswände gebaut werden. Anstelle von Holz, Erde und Steinen wird heute meist mit Beton, Metall und Kunststoff gearbeitet.

Doch das alte Kulturgut ging nicht verloren: Viele Suonen wurden restauriert und können auf Wanderungen verfolgt werden. Solche Wanderwege ziehen sich durch das ganze Wallis, mal sind es gemütliche Spaziergänge wie bei der »Binnachra«-Suone oberhalb von Ernen, mal spektakuläre Touren wie die Wasserwege im Baltschiedertal und die »Bisse du Rho« oberhalb von Crans. Besonders die Region

Manche der »Suonen« stammen noch aus dem Mittelalter.

KARTE ▶ B3

Was: Wanderung entlang einer Suone
Wo: Nendaz und zahlreiche weitere Orte
Wann: Frühling bis Herbst
Essen & Trinken: verschiedene Einkehrmöglichkeiten in Nendaz, Veysonnaz und Planchouet
Web: www.nendaz.ch
Sonstiges: Bei der Touristeninformation und bei der Seilbahnstation in Nendaz ist ein Prospekt über die Suonenwanderungen in der Region erhältlich. Weitere Informationen und Vorschläge finden Suonenwanderer auf der Webseite www.suone.ch.

Nendaz profiliert sich mit ihren Suonen-Kulturwegen. Manche der Wasserkanäle existieren schon seit dem 15. Jh. Und mit der »Bisse de Saxon« nennt Nendaz auch die längste Suone im Wallis sein Eigen. Ihre 32 km sind auf einer Zweitagestour zu bewältigen. Von Nendaz ausgehend, lassen sich mehrere Wasserwege kombinieren, z. B. die »Grand Bisse de Vex«, die Planchouet mit Veysonnaz verbindet (12 km). Zum Ausgangsort führen von Nendaz aus die »Bisse d'en Bas« (5 km), die »Bisse du Milieu« (5 km) und nahe der Seilbahnstation die »Bisse Vieux« (7 km).

Wenn eine Suone im Mittelalter in Betrieb genommen werden konnte, wurden die Wasserrechte an die Benutzer (»Geteilen«) verteilt. Diese verpflichteten sich zur Zahlung von Geldbeiträgen und Unterhaltsarbeiten; dafür wurde für einen festgelegten Zeitraum das Wasser auf ihre Felder geleitet. Traten Schäden auf, musste die Suone in Gemeinschaftsarbeit (»Gmeiwärch«) instand gesetzt werden.

Der Gigant am Ende des Tals

Das Val d'Hérémence liegt zwar in direkter Nachbarschaft des Val d'Hérens, doch die Unterschiede könnten eiegentlich nicht größer sein. Die Gegend beeindruckt nicht durch Ursprünglichkeit, sondern durch ein gigantisches, weithin sichtbares Wirtschaftsprojekt: die Grande-Dixence-Staumauer, deren Wasserkraft den jährlichen Strom-

KARTE ▶ C4

Was: Besichtigung der Staumauer
Wo: Am Talschluss des Val d'Hérémence bei Chargeur

Wann: Die Staumauer ist für Besucher von Mitte Juni bis Anfang Okt. geöffnet, geführte Touren tgl. um 11.30, 13.30, 15 und 16.30 Uhr.

Wie viel: Besichtigung sowie Hin- und Rückfahrt mit der Seilbahn auf die Staumauerkrone Erwachsene 20 SFr, Kinder 6–15 Jahre 11 SFr.

Ein Wunder der (Bau-)Technik: die 1961 fertiggestellte Grande-Dixence-Staumauer.

nen, die »Trophäe der Bergleute«. Nach rund zwei Jahren in provisorischen Baracken zogen die Arbeiter im Winter 1953/54 ins »Le Ritz«, wie sie das neu errichtete Wohngebäude von Le Chargeur am Fuß der Mauer nannten (in dem Gebäude ist heute das »Hotel du Barrage« untergebracht).

Sechs Millionen Kubikmeter Beton verbauten die Arbeiter insgesamt. Das entspricht der Menge, die nötig wäre, um entlang des Äquators rund um den Globus eine 1,5 m hohe und 10 cm dicke Mauer zu errichten. 1961 war der 285 m hohe Koloss fertig. Es ist bis heute eine der höchsten Talsperren weltweit.

Auf Rundgängen werden die Besucher mit Licht- und Toneffekten durch die Stollen der Anlage geführt, und eine Seilbahn fährt hinauf zur Staumauerkrone (Fußweg ca. 45 Min.). Oben eröffnen sich den Gästen zahlreiche Wandermöglichkeiten, etwa der Steinbockweg, eine Rundwanderung mit Naturlehrpfad und schönem Blick auf den künstlichen See.

verbrauch von rund 1,3 Mio. Menschen decken kann. Acht Jahre dauerte ihre Errichtung, und immerhin 3000 Arbeiter waren auf der Baustelle beschäftigt. Es gab sogar eine Firmenzeitschrift, eine Bibliothek, eine wöchentliche Filmvorführung und jedes Jahr ein Skirennen, die

Essen & Trinken: kleines Lokal am westlichen Ende der Staumauerkrone sowie Restaurant im Hotel du Barrage bei der Seilbahn-Talstation (Klassiker wie Rösti, Pasta und Salate, Tel. 027 / 281 13 22, www.hotel-barrage.ch)
Web: www.grande-dixence.ch
Sonstiges: Anfahrt mit eigenem Pkw oder mit den Bussen von Theytaz-Excursions ab Sion (Juli–Sept. ca. 4-mal tgl., Tel. 027 / 322 71 72, www.theytaz-excursions.ch)

TIPP 53

DERBORENCE
Das Tal der Steine

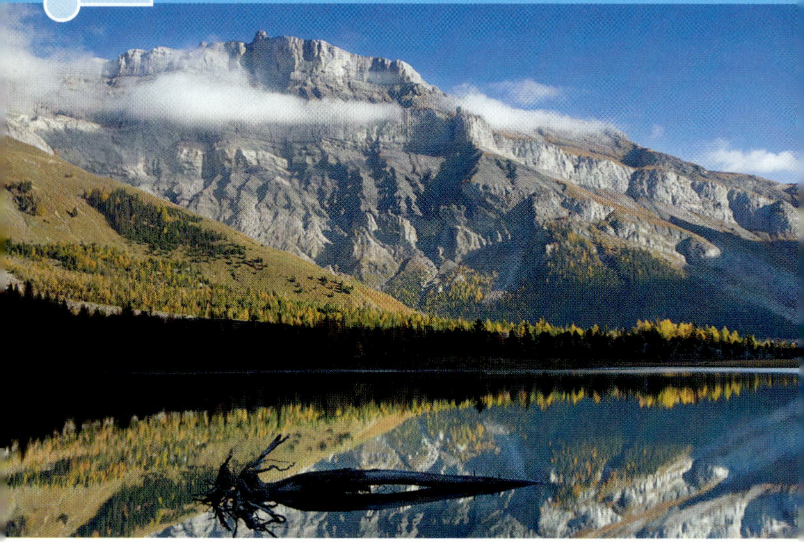

Das Gebiet um Derborence bietet Erholungsuchenden unberührte Natur.

Vom Katastrophen- zum Naturschutzgebiet

Es waren zwei Naturkatastrophen, die zum heutigen Landschaftsbild von Derborence geführt haben: Unterhalb des Diableretsgletschers löste sich 1714 ein Felsblock und begrub 55 Alphütten unter sich. Von den 19 Personen, die sich dort aufhielten, überlebten nur fünf. 1749 gab es einen weiteren Felssturz an der gleichen Stelle. Die Felsmassen versperrten den Talkessel und ließen einen See entstehen. Danach blieb die Gegend vom Menschen fast unberührt. Als in den 1960er-Jahren die Straße nach Derborence öffnete, stand das Tal schon unter Naturschutz. Dadurch hat sich an den kargen Berghängen und dem dichten Pionierwald um den See eine vielfältige Flora und Fauna erhalten: Hier leben Steinböcke und Luchse, gedeihen Feuerlilien und Orchideen, kreisen Königsadler und Bartgeier in der Luft.

KARTE ▶ B3

Was: Besuch im Talkessel von Derborence
Wo: Derborence
Wann: Sommermonate
Essen & Trinken: Auberge du Godet (Tel. 027 / 346 31 41, www.derborence.net) und Refuge du Lac de Derborence am See (bei beiden Übernachtung möglich)
Web: www.derborence.ch
Sonstiges: mehr Informationen im Verkehrsbüro Conthey-Vétroz und Ardon, Rue Lombarde 24, Le Bourg / Conthey, Tel. 027 / 346 72 01, www.conthey region.ch. Im Derborence-Kessel gibt es viele Wandermöglichkeiten.

Mehr lesen

Was haben Kampung Buku in Malaysia, das finnische Dorf Sysmä und der Walliser Weiler St-Pierre-de-Clages gemeinsam? Es sind allesamt »Bücherdörfer«. Das Konzept stammt vom englischen Buchhändler Richard Booth, der den kleinen walisischen Ort Hay-on-Wye durch ein Antiquariat und Veranstaltungen weithin bekannt gemacht hat. Seine Überzeugung ist, dass kleine Orte mit Büchereien und Antiquariaten ein großes Publikum anlocken können, was der wirtschaftlichen Entwicklung der ländlichen Region zugutekommt. St-Pierre-de-Clages bekam 1993 von der »International Organisation of Book Towns« den Titel »Bücherdorf« verliehen. In dem 600-Seelen-Ort präsentieren ein Dutzend Antiquare und Buchhändler ihre Waren. Zudem findet jedes Jahr am letzten August-Wochenende ein Buchfest statt. Es zieht über 15 000 Besucher an – ungefähr 25-mal so viel, wie der Ort Einwohner hat! Beim Stöbern sollte man aber nicht vergessen, auch einen Blick auf die Bürgerhäuser und die pittoreske Kirche im Dorf zu werfen. Das Gebäude im romanischen Stil hat seinen Ursprung ver-

Wie wär's mit einem Schmöker? Buchfest in St-Pierre-de-Clages.

mutlich im 11. Jh. und wurde 1153 erstmals schriftlich erwähnt. Seine außergewöhnliche Form erhielt es im 12. Jh., als dem lang gezogenen, mit zwei Säulenreihen versehenen Kirchenraum ein achteckiger Turm aufgesetzt wurde.

KARTE ▶ B3

Was: Besuch im Bücherdorf
Wo: St-Pierre-de-Clages bei Chamoson
Wann: ganzjährig
Essen & Trinken: mehrere Einkehrmöglichkeiten in Chamoson und in St-Pierre-de-Clages
Web: www.village-du-livre.ch
Sonstiges: Das Dorf ist problemlos mit dem Auto erreichbar und liegt auch nur wenige Gehminuten vom Bahnhof Chamoson entfernt.

Idyllisches Städtchen im Zeichen des Betrugs

Saillon ist der besterhaltene mittelalterliche Ort des Wallis. Eng schmiegen sich die alten Häuser an den steilen Hügel, bis zu den historischen Stadtmauern reichen die Weinreben heran, und ganz oben auf der Kuppe steht einsam ein Turm, der Rest einer Festung aus dem 13. Jh.

Die Aussicht nach dem schweißtreibenden Aufstieg ist allerdings traumhaft: Der Blick des Besuchers schweift über weite Teile der Rhoneebene, über kleine Winzerorte

---

KARTE ▶ B3   ✕ 🏛 🏰

Was: Stadtbesichtigung und Museumsbesuch
Wo: Saillon
Wann: ganzjährig, Museum: April–Okt.: Mi–So, Nov.–März: Fr–So, jeweils 14–17 Uhr

Wie viel: 5 SFr, Kinder bis 16 Jahre in Begleitung Erwachsener kostenlos
Essen & Trinken: Restaurant De la Poste in der Rue St-Jacques
Web: www.saillon.ch

Sonstiges: weitere Informationen beim Tourismusbüro (Route du Centre Thermal, Tel. 027 / 743 11 88, Mo–Sa 9–12 Uhr)

21 Glasfenster-Skulpturen erzählen die Lebensgeschichte des Geldfälschers und führen zum kleinsten Rebberg der Welt, der einst Farinet gehörte.

kirche liegt das Grab des legenden-umwitterten Falschmünzers Joseph-Samuel Farinet (1845–1880). Diesem Verbrecher ist auch ein Teil des in Saillon ansässigen Falsch-geldmuseums gewidmet.

Über einen Zeitraum von zehn Jahren hinweg, von 1870 bis 1880, produzierte Farinet zusammen mit einem Gehilfen in schweisstreiben-der Arbeit falsche 20-Rappen-Stücke des Jahrgangs 1850. Er wählte dieses Geldstück, weil die bäuerli-che Bevölkerung im Unterwallis zu solchen Münzen mehr Vertrauen hatte als zum neuen Papiergeld der Kantonalbank. Außerdem waren sie einfach zu fälschen.

Charmant soll er gewesen sein und musikalisch, ein Frauenverführer und Lebemann. Viele seiner Zeitge-nossen müssen ihn regelrecht ge-mocht haben – immer wieder wurde er rechtzeitig gewarnt und konnte der Polizei entkommen. Dreimal landete Farinet zwar doch hinter Gittern, dreimal gelang ihm die Flucht. In einer Schlucht bei Saillon kam der Geldfälscher schließlich ums Leben, nachdem er tagelang von Gendarmen belagert worden war. Die genauen Um-stände seines Todes sind bis heute ungeklärt geblieben.

wie Fully, geschwungene Weinter-rassen und hangelt sich schließlich an schroffen Felswänden entlang hinauf zu hohen, beständig weiß gepuderten Berggipfeln.

Die Gässchen des Zentrums von Saillon sind zwar vergleichsweise schnell durchschritten, doch die verschiedenen lauschigen Cafés verlangen geradezu nach längerem Müßiggang.

Darüber hinaus gibt es in diesem auf den ersten Blick so lieblichen Ort eine spannende und letzten En-des auch grausame Geschichte zu entdecken. Etwas versteckt auf dem Friedhof der barocken Pfarr-

Großes Spektakel an steilen Berghängen

Da runter? Niemals! Nun, manche Wintersportler mögen es in Verbier eben extrem. Sie brettern abseits der präparierten Pisten auf Steilhängen vom Hochgebirge ins Tal. Fast senkrecht fliegen diese Extremsportler manchmal durch die Luft, wenn sie nach ein paar Schwüngen im Tiefschnee die nächste Felswand hinabspringen. Es wäre absoluter Leichtsinn, sich als Anfänger an solchen Strecken zu versuchen – da könnte man den Rettungshubschrauber gewissermaßen schon vom Lift aus anrufen. Aber es macht Spaß, die Profis zu beobachten, wie sie Gämsen gleich das Spiel mit der Schwerkraft meistern. Das geht am besten während des Freeride-Wettkampfs »Xtreme« (www.freerideworldtour.com), der jedes Jahr im März bei den Bec des Rosses stattfindet. Im April schließt sich die »Patrouille des Glaces« (www.pdg.ch) an, ein Wettkampf im Skibergsteigen. In Verbier fühlen sich aber auch ganz durchschnittliche Wintersportler wohl. Die Infrastruktur in dem Tourismusort ist perfekt – ein fast urbanes Zentrum mit Hotels, Restaurants, Boutiquen und einem dem jungen Publikum entsprechenden Nachtleben. Verbier gehört zu den fünf Orten des Ski- und Sportgebiets »4 Vallées«, das insgesamt 300 km Pisten umfasst und sich bis nach Frankreich erstreckt.

Wie in Willy Bogners »Fire and Ice«:
Off-Piste-Skifahrer in Verbier.

KARTE ▶ B4

Was: Besuch des Freeride-Wettkampfs »Xtreme« oder Skiurlaub
Wo: Verbier
Wann: ca. Nov.–April

Wie viel: Tagespass für Verbier: Erwachsene ca. 61 SFr, Kinder ca. 31 SFr, gesamtes Skigebiet »4 Vallées« Erwachsene 67 SFr, Kinder 34 SFr

Essen & Trinken: in Verbier überdurchschnittlich große Auswahl an Restaurants und besonders auch an Bars und Clubs
Web: www.verbier.ch

Heldenhunde mit Problemen

Barry ist der große Star am Großen Sankt Bernhard. Auf dem 2470 m hohen Pass soll der Bernhardinerhund über 40 Menschen gerettet haben. Ein Schnapsfässchen hatte er allerdings nicht um den Hals, und auch die Geschichte, dass der 41. Verschüttete ihn für einen Wolf gehalten und getötet haben soll, ist erfunden: Barry verbrachte seinen Altersruhestand im milden Klima von Bern, wo er auch starb. Der Heldenhund steht dort bis heute ausgestopft im Eingangsbereich des Naturhistorischen Museums. Bereits zu seinen Lebzeiten von 1800 bis 1814 mischten sich Legenden mit Tatsachenberichten, nach und nach wurde der Hund zum Mythos, zum Schweizer Nationalhelden – und besonders als Plüschtier für Touristen zum beliebten Mitbringsel vom Besuch in der Schweiz. Barry ist der berühmteste Hund des Hospizes, das am Großen-Sankt-Bernhard-Pass seit dem 11. Jh. Pilgern auf dem Weg nach Rom Obdach bietet. Um 1700 wurden die Tiere erstmals erwähnt, damals noch als Schutzhunde. Doch ihr Spürsinn half den Mönchen schon damals, im Schnee verschüttete Reisende zu finden. So wurden die Pass-Bernhardiner zu Rettungshunden. Die letzte urkundliche Rettung liegt aber über 110 Jahre zurück. Denn viele Bernhardiner sind heutzutage krankheitsanfällig und werden oft nur noch acht statt wie früher 14 Jahre alt – zu stark wurden sie Richtung großes, süßes Tier gezüchtet. Im Lawinensuchdienst werden mittlerweile leichtere Hunderassen eingesetzt. Doch die Bernhardinerhunde sind bis heute neben einer kleinen Barockkirche sowie dem Hospizschatz und -museum die Hauptattraktion am Großen Sankt Bernhard geblieben. Die Mönche selbst kümmern sich nicht mehr um die Hunde – diese Aufgabe hat eine Stiftung übernommen. Die Tiere bleiben nur während der Sommermonate auf dem Pass. Die restliche Zeit des Jahres verbringen sie in der Zuchtstätte von Martigny, in der auch ein sehenswertes Museum eingerichtet ist.

Die Geschichte des Passes selbst reicht bis zu den Römern zurück, für die er ein wichtiger Alpenübergang war. Noch heute ist ein Stück der alten Römerstraße im Fels erkennbar. Zur bekanntesten Passbegehung kam es allerdings erst im

KARTE ▶ B5

Was: Besuch auf dem Großen-St.-Bernhard-Pass
Wo: Großer-St.-Bernhard-Pass
Wann: Juni–Ende Sept., im Winter nur zu Fuß und per Ski erreichbar

Wie viel: Museum für Erwachsene 12 SFr, für Kinder ab acht Jahren 7 SFr
Essen & Trinken: einfache Verköstigungsmöglichkeit am Pass

Web: www.verbier-st-bernard.ch, www.fondation-barry.ch, www.gsbernard.net
Sonstiges: Anfahrt per Pkw oder Bus von Martigny (www.tmrsa.ch). Die

Grüßen von »ihrem« Pass: drei Hunde am Großen St. Bernhard.

Mai 1800, als Napoleon dort mit einer 40000 Mann starken Armee die Alpen überquerte. Sogar die Kanonen wurden zerlegt und mitgenommen, wobei die Rohre in ausgehöhlte Baumstämme verstaut und von jeweils 100 Männern hinaufgeschleppt wurden. Ganz anders sieht das freilich auf einem der berühmtesten Napoleon-Gemälde aus, »Bonaparte beim Überschreiten der Alpen am Großen Sankt Bernhard« (1800) von Jacques-Louis David.

Auf dem Propagandabild ziehen einige wenige Soldaten ganze Geschütze den Berg hoch, während der Heerführer auf einem wilden Pferd sitzt und entschlossen zum Pass zeigt. In Wahrheit überquerte Napoleon den Pass auf einem Maultier in der Nachhut der Armee.

Zuchtstätte mit ihrem großen Museum befindet sich in Martigny und ist das ganze Jahr über geöffnet. Hier leben die Hunde im Winter. Im Erdgeschoss des Museums kann man die Tiere in ihren Boxen und beim Spielen im Außengehege beobachten. Im Obergeschoss laden zahlreiche Vitrinen dazu ein, sich über die Geschichte des Passes und der Hunde zu informieren (Rue du Levant 34, Tel. 027 / 720 49 20, www. musee-saint-bernard.ch).

Ein Mann holt die Kunstwelt ins Wallis

Martigny kennt in New York und Paris kaum jemand, die Fondation Pierre Gianadda hingegen schon. Sie ist das Werk von Léonard Gianadda, einem erfolgreichen Bauunternehmer der Stadt. Nachdem sein erst 25-jähriger Bruder Pierre bei einem Flugzeugabsturz ums Leben gekommen war, gründete er 1976 die gleichnamige Stiftung und ließ ein unkonventionelles, heute etwas klobig wirkendes Betongebäude errichten, das 1978 seine Türen öffnete.

So etwas wie eine ständige Gemäldesammlung beherbergt das Museum zwar nicht, doch der umtriebige Charismatiker Gianadda holt immer wieder international bedeutende Ausstellungen in sein Haus:

KARTE ▶ A4

Was: Museumsbesuch in der Fondation Pierre Gianadda
Wo: Martigny, Rue du Forum 59, Tel. 027 / 722 39 78.

Wann: ganzjährig, tgl. 10–18 Uhr
Wie viel: ausstellungsabhängig, ca. 18 SFr für Erwachsene, ca. 10 SFr für Kinder, ca. 38 SFr für Familien

Essen & Trinken: zahlreiche Einkehrmöglichkeiten im Zentrum von Martigny, Cafeteria im Museum
Web: www.gianadda.ch

Mal sind es Werke von Marc Chagall, mal russische Ikonen. Dazu reist Gianadda um die Welt, finanziert Restaurierungen oder vermittelt renommierten Kunstmuseen wertvolle Leihgaben. Die Ausstellung »Von Courbet bis Picasso« des Puschkin-Museums darf er zeigen, weil seine Freundin, die bekannte Sopranistin Cecilia Bartoli, in Moskau singt.

Auch abgesehen von den hochkarätigen Wechselausstellungen, gibt es in Gianaddas Museum viel zu sehen: In der Galerie sind die Fundstücke eines galloromanischen Tempels ausgestellt, auf dessen Reste Gianadda während eines seiner Bauprojekte in Martigny stieß. Im Untergeschoß befindet sich zur Überraschung der meisten Besucher eine Oldtimersammlung. Um die 50 Autos sind hier vereint: Hier glänzt eine Isotta Fraschini 8A von 1931, dort ein Mercedes SS von 1929. Die Kollektion reicht bis zu einem Benz von 1897 zurück. Im Skulpturenpark rings ums Haus gibt sich wiederum die Kunstwelt ein Stelldichein, Besucher promenieren hier u. a. zwischen Werken von Moore, Rodin, Tinguely, Arp und Chillida.

Skulptur des US-amerikanischen Bildhauers Alexander Calder vor der Fondation Gianadda.

Sonstiges: Zu den gezeigten Ausstellungen der letzten Jahre zählen u. a. »Hauptwerke europäischer Malerei aus dem Metropolitan Museum of Art in New York«, »Camille Claudel und Rodin – Das Zusammentreffen zweier Schicksale«, »Picasso und der Zirkus« »Marc Chagall. Zwischen Himmel und Erde« und »Rodin Erotique«.

Spaziergang zwischen hohen Felsen

Kurz nach Martigny knickt das Rhonetal plötzlich Richtung Norden ab und öffnet sich dann allmählich Richtung Genfer See. Nur wer genau hinschaut, sieht in den Felsmassiven, die auf beiden Seiten der flachen Rhoneebene nach oben schießen, auf der Höhe von Vernayaz einen schmalen Spalt.

Beim Näherkommen wird dieser Spalt aber immer spektakulärer: Er entpuppt sich als eine über 200 m tiefe Schlucht, die der Gletscherfluss Trient in das Gesteinsmassiv gefressen hat. Genau an der Stelle, an der die Felswände dem Fluss nur einen abenteuerlich engen Durchgang lassen, ist die Trient-Schlucht begehbar.

Der Spaziergang durch das Naturspektakel ist völlig ungefährlich – ein sicherer Holzsteg führt über den Strudeln des Wassers am Fels entlang. Infotafeln klären über Geologie und Geschichte auf, und dort, wo es besonders laut tost und rauscht, steht eine Bank, auf der man sich dem Naturspektakel mit allen Sinnen und in aller Ruhe hingeben kann. Beeindruckend ist aber nicht nur dieses Schauspiel,

sondern auch eine Ingenieursleistung: Weit oben über dem Wasser wird die Schlucht von einer der höchsten Brücken Europas überspannt. Autofahrer können die Pont de Gueuroz überqueren, indem sie vom Bâtiaz-Schloss in Martigny die Abzweigung ins Trient-Tal nehmen und eine Weile dem kleinen Sträßchen folgen.

Etwa einen halbstündigen Fußmarsch von der Schlucht entfernt, stößt man in Vernayaz auf ein zweites Naturschauspiel: auf den 114 m hohen Wasserfall »Pissevache« (übersetzt: pinkelnde Kuh), der 1779 Goethe begeistert hat: »In ziemlicher Höhe schießt aus einer Felskluft ein starker Bach flammend herunter in ein Becken, wo er in Staub und Schaum sich weit und breit im Wind herumtreibt. (...) Wir kletterten daran herum, setzten uns dabei nieder und wünschten, ganze Tage und gute Stunden des Lebens dabei zubringen zu können. Auch hier wieder, wie so oft auf dieser Reise, fühlten wir, dass große Gegenstände im Vorübergehen gar nicht empfunden und genossen werden können.«

KARTE ▶ A4

Was: Gorge du Trient
Wo: Vernayaz
Wann: Schlucht von Mai bis Sept. tgl. 9.30–18 Uhr
Wie viel: Erwachsene 7 SFr, Kinder 5 SFr (Erwachsener mit Kind 10 SFr)

Essen & Trinken: mehrere Einkehrmöglichkeiten, u. a. direkt beim Wasserfall Pissevache im Restaurant La Cascade (Tel. 027 / 764 14 27, www.cascade-pissevache.ch)

Web: www.trientnature.ch; www.vernayaz.ch/tourisme

**TAUCHEN SIE EIN
IN DAS SCHÖNSTE
AZURBLAUE GLETSCHEREIS**

120 M LANGE EISGROTTE IM RHONEGLETSCHER
AM FURKAPASS/WALLIS

www.gletscher.ch

In einem Bio-Hotel zu arbeiten steigert sichtbar die Lebensfreude.

Yoga auf der Bergwiese

Eigentlich ist Les Granges gar nicht weit entfernt vom belebten Haupttal des Wallis. Und doch wirkt das Dörfchen im Vallée du Trient, wo schon Französisch gesprochen wird, als sei es meilenweit weg von allem Trubel und Verkehrslärm. Man erwartet hier bärtige, pfeiferauchende Bauern, vielleicht eine Trachtengruppe – und trifft auf das erste Bio-Hotel der Schweiz. Der Deutschschweizer Roland Eberle hat das »Balance« Ende der 1980er-Jahre in einem Gebäude aus dem 19. Jh. eröffnet und erweitert – mit einem Kräutergarten und einem Bio-Pool, dessen Wasser mithilfe eines Biotops gereinigt wird. Der Hotelier bietet seinen Gästen Shiatsu- und Meditationskurse sowie Yoga-Übungen im Garten und serviert ihnen vegetarische Gerichte aus ökologisch angebautem Getreide und Gemüse.

KARTE ▶ A4

Was: Übernachtung im Bio-Hotel Balance
Wo: Les Granges
Wann: ganzjährig (jedoch mit unregelmäßigen Betriebsurlauben)

Wie viel: DZ mit Waschbecken 119 SFr, mit Dusche und WC 135 SFr pro Person (inkl. Halbpension)
Web: www.vegetarisches-hotel.ch

Sonstiges: Infos unter Tel. 027 / 761 15 22. Eberle vermietet auch Ferienwohnungen (ab 165 SFr für zwei Personen, 90 SFr Endreinigung).

Auf Augenhöhe mit den Alpentieren

Der Alpenraum ist voller Tiere – doch die meisten sind beständig auf der Hut. Wer beim Wandern weder Murmeltiere noch Gämsen beobachten konnte, kann die Begegnung im alpinen Zoo in Les Marécottes nachholen.

Auf 1100 m Höhe und 35 000 qm Fläche ist dort in natürlicher Umgebung fast die ganze alpine Fauna versammelt – insgesamt mehr als 150 Tiere. Zwischen Lärchen und Tannen schleichen Wölfe, Füchse und Luchse herum, schnauben Wildschweine, tummeln sich Murmeltiere, Hirsche, Gämsen und Steinböcke. Sogar Schwarzbären leben hier, und immer wieder gibt es auch Jungtiere zu beobachten: Im Mai 2010 kamen z. B. fünf Mufflons zur Welt. Diese Wildschafe mit großen Hörnern stammen zwar ursprünglich aus Kleinasien, wurden aber seit dem 18. Jh. in verschiedenen europäischen Ländern angesiedelt, da ihr Gehörn eine beliebte Jagdtrophäe ist. In den 1970er-Jahren ist die Tierart von Frankreich aus ins Unterwallis eingewandert – heutzutage leben in der Gegend immerhin 200 bis 300 wilde Mufflons.

Wer sich beim Beobachten der Tiere sattgesehen hat, kann sich entweder beim Ponyreiten vergnügen oder während der Sommermonate in das ziemliche außergewöhnliche Schwimmbad des Zoos eintauchen: Das 70 m lange Becken ist direkt in den Fels gebaut und wird mithilfe von Sonnenenergie geheizt.

Alpenmurmeltiere können bis zu zwölf Jahre alt werden.

KARTE ▶ A4

Was: Besuch im Alpinen Zoologischen Garten
Wo: Les Marécottes
Wann: Zoo ganzjährig 9–17 Uhr (bei geschlossener Kasse durch Kassenautomat), Schwimmbecken und Restaurant Juni–Mitte Okt., bei schönem Wetter 11.45–18 Uhr
Wie viel: Zoo Erwachsene 10 SFr, Kinder 6 SFr, Schwimmbad Erwachsene 7 SFr, Kinder 5 SFr, Kombiticket Erwachsene 15 SFr, Kinder 9 SFr
Essen & Trinken: Zoo-Restaurant
Web: www.zoo-alpin.ch
Sonstiges: Informationen unter Tel. 027 / 761 15 62

Auf Rädern hoch in die Berge

Schon im 19. Jh. reisten adlige Touristen aus ganz Europa auf einer Postkutschenstraße vom Wallis aus durch das Vallée du Trient in den französischen Bergort Chamonix am Fuße des Montblanc. Da erstaunt es kaum, dass bereits seit 1906 eine Zugstrecke durch das Tal führt. Der Bau war ein äußerst diffiziles Projekt, das den Ingenieuren alles abverlangte, denn das Trient-Tal ist an vielen Stellen steil und sehr unwegsam.

Sechs Brücken und fünf Viadukte mussten die Arbeiter bauen, und insgesamt zwölf Tunnel wurden in den Fels gesprengt – von einem kleinen Zwölf-Meter-Loch bis zu einem fast 600 m langen Durchgang. In einem dieser Tunnel macht der Zug sogar eine Halbkehre.

Die Fahrt mit dieser Schmalspurbahn ist heute die beste Art, um den Parc d'Attraction du Châtelard zu erreichen, der kurz vor der französischen Grenze liegt. Von Martigny rollen die Züge nach Vernayaz und erklimmen dann mithilfe ihres Zahnradantriebs eine steile Felswand, bis sie das wilde, einsame Tal erreichen. Die Ausblicke auf die Rhoneebene, die man vom Zug aus hat, sind einzigartig.

In Le Châtelard schließlich warten auf die Zugfreunde noch weitere Leckerbissen: Für den Parc d'Attraction wurde ein Teil der Infrastruktur aus der Bauzeit der nahen Staumauer wieder in Betrieb genommen. So bringt eine historische Standseilbahn mit immerhin 87 % Steigung die Passagiere nach Château d'Eau, das nahezu 700 m höher liegt.

Von dort fährt ein Panorama-Kleinzug bis zum Fuß der Staumauer. Dann werden die Ausflügler wiederum von einer Standseilbahn – diesmal jedoch einer modernen – zum Stausee hochtransportiert.

Bei niedrigem Pegel ist darin ein Teil des Vorgängerbaus erkennbar, eine knapp 80 m hohe Gewichtsstaumauer aus dem Jahr 1925. Erst ein Staatsvertrag zwischen der Schweiz und dem benachbarten Frankreich ermöglichte den Ausbau der Anlage.

Auf diese Weise entstand 1974 die Émosson-Bogenstaumauer, eine 180 m hohe Wand, die das Speichervolumen des Sees mehr als verfünffacht hat. Von der Endstation der neuen Standseilbahn aus sind noch einige weitere Ausflüge möglich. Wer Lust auf Wellen hat,

KARTE ▶ A4

Was: Zugfahrt und Parc d'Attraction du Châtelard **Wo:** Le Châtelard **Wann:** Mont-Blanc-Express ganzjährig, Abfahrten tgl. ca. im Stundentakt, Parc d'Attraction Mitte	Mai–Mitte Okt., Abfahrten tgl. ca. im Halbstundentakt **Wie viel:** Fahrt im Parc d'Attraction Erwachsene hin und zurück 52,80 SFr, Junioren (bis 15 Jahre)	39,60 SFr, Kinder (bis elf Jahre) 26,40 SFr, Kleinkinder 13,20 SFr; Mont-Blanc-Express Hin- und Rückfahrt 32,40 SFr, ermäßigt 16,20 SFr

Bitte alle umsteigen – vom Panorama-Kleinzug in die moderne Standseilbahn.

kann im Sommer z. B. mit einem Ausflugsboot über den See tuckern. Ein neu angelegter Wanderweg führt über die Staumauer und weiter bis zu einem kleineren Stausee und zu Dinosaurierspuren, die ein französischer Geologe 1976 entdeckt hat.

Essen & Trinken: Restaurant an der Bergstation der historischen Standseilbahn
Web: www.chatelard.net; www.tmrsa.ch/deutsch/mtblanc.html

Sonstiges: Der Ausflug kann auch mit Besuchen der Trient-Schlucht (Tipp 59) oder des Alpinen Zoologischen Gartens (Tipp 61) kombiniert werden. Die Fahrt von Martigny nach Le Châtelard dauert ca. 40 Minuten.

TIPP 63

RHONETAL
Radtour entlang der Rhone

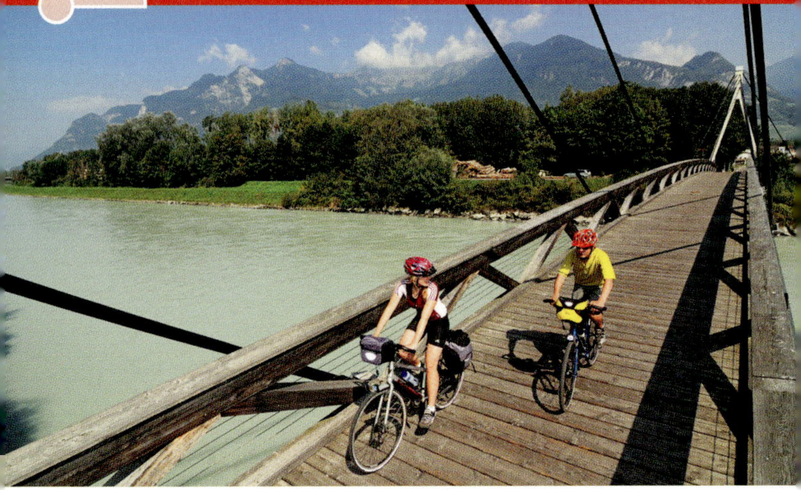

Rhoneüberquerung vor beeindruckendem Bergpanorama.

Auf zwei Rädern durch das ganze Tal

Mit seinen Höhenlagen und Pässen ist das Wallis vor allem für sportliche Radfahrer geeignet. Das gilt auch für den Beginn der Rhone-Route (nationaler Fahrradweg Nummer 1). Startpunkt ist Andermatt im Kanton Uri, von wo aus die Radler rund 1000 Höhenmeter bis zum Furkapass bezwingen müssen, um danach auf der Abfahrt nach Oberwald ihre Bremsen zu testen. Doch auf den Folgeetappen zeigt sich ein ganz anderes Höhenprofil: Ab Oberwald geht es leicht bergab, bis der Weg weiter unten im Rhonetal flach wird und durchs Waadtland weiter bis nach Genf führt. Nicht immer konnte die Strecke direkt an der Rhone entlanggeführt werden, manchmal verläuft die in acht Tagestouren aufgeteilte Route auch auf Hauptstraßen. Einer der schönsten Abschnitte ist die fünfte Etappe, die sich auch gut für einen Tagesausflug eignet: eine 47 km lange Tour von Martigny durch die Rhonetal-Ebene an den Genfer See und bis nach Montreux.

KARTE ▶ A4

Was: Radtour
Wo: Rhonetal
Wann: Sommermonate
Essen & Trinken: In den meisten Orten gibt es Restaurants oder einen Supermarkt.
Web: www.veloland.ch
Sonstiges: Die Route ist auf den Wegweisern mit der Ziffer 1 auf blauem Hintergrund ausgewiesen. Die gesamte Strecke ist 320 km lang. Erhöhte Anforderungen an Kondition und Technik verlangen die Passüberquerung zu Beginn und der Abschnitt zwischen Ernen und Mörel.

Geistiges Zentrum und strategisches Nadelöhr

Bei Saint-Maurice verengt sich die breite Rhoneebene. Wer keine Pässe überqueren wollte, musste bis zum Bau der Tunnels Anfang des 20. Jh. diese Felsenge passieren. Die Lage machte den Ort schon früh strategisch bedeutsam. Seit der Frühzeit existierte eine Zahlstelle, und im 13. Jh. legten die Savoyer den Grundstein für das Schloss. Bekannt wurde Saint-Maurice jedoch vor allem durch die 515 gegründete Abtei, die zu den ältesten in Europa zählt. Mehrmals wurde die Kirche um- oder neu gebaut, auch Reste des ehemaligen römischen Friedhofs sind noch erhalten. Die Geistlichen zeigen ihren Besuchern gerne den wertvollen Stiftsschatz. Nach dem Besuch des Klosters empfiehlt sich ein Stadtrundgang oder zumindest eine Kaffeepause in der ruhigen Grand-Rue. Lohnend ist auch der etwas anstrengende Aufstieg zur Wallfahrtskapelle Notre-Dame-du-Scex, die im 18. Jh. mitten in eine mächtige Felswand gebaut wurde, und ein Besuch der Feengrotte oder des Bunkers (s. Tipp 65).

Reliquienschrein des hl. Mauritius in der Abtei Saint-Maurice.

KARTE ▶ A3

Was: Klosterbesuch und Stadtrundgang in Saint-Maurice
Wo: Saint-Maurice
Wann: Klosterführungen ganzjährig Di–So, Juli–Aug. 10.30, 14 und 15.15 Uhr,

Sept.–Juni 14.45 Uhr (Di–Fr zwischen Nov. und April nur nach Voranmeldung zwei Tage im Voraus, Tel. 024 / 486 04 04)
Wie viel: Erwachsene 10 SFr, Kinder 4 SFr

Essen & Trinken: mehrere Einkehrmöglichkeiten in Saint-Maurice, insbesondere in der Grand-Rue
Web: www.saint-maurice. ch, www.abbaye-stmaurice.ch (Abtei)

Wo sich Feen und Soldaten Gute Nacht sagen

Zuerst waren die Feen da. 1831 erforschte Albrecht von Haller die Grotte aux Fées, und nur kurze Zeit später entwickelte sie sich auch schon zur Touristenattraktion. Der Besuch der natürlichen Höhle ist beeindruckend: Im hinteren Teil rauscht ein 77 m hoher Wasserfall. Nur wer genau hinschaut, sieht im vorderen Teil die Treppe, die zu einer eigenartig aussehenden Metalltür hinaufführt. Diese Tür verbindet seit 1935 die traumhafte Welt der Feen mit der ganz realen Welt des Militärs.

Zwei sehr weitläufige, in den Fels gebaute Forts befinden sich dahinter, das Fort du Scex (1911) und das Fort de Cindey (1941–1946). Fast alles in den Räumen ist heute noch so wie Anfang der 1990er-Jahre, als diese Festung noch ein regelrechtes Staatsgeheimnis darstellte. In der Küche glänzen die großen Gulaschkanonen, als wären sie gerade erst gereinigt worden. Sogar einige Paletten konservierter Lebensmittel stehen noch herum. In den Schlafräumen ist alles wohlgeordnet an seinem Platz. Bei der Postbox hängt immer noch ein Plakat, das die Soldaten auffordert, keine Geheimnisse zu verraten.

Gerne erklärt der Guide heute seinen Gästen, wo man bei der Stahltür am Eingang die Granaten einwerfen muss, um den Angreifer auf der anderen Seite zu bekämpfen, oder wie das Schutzsystem gegen Giftgas funktioniert. Und schließlich erfährt man auch, wie man mit einer der riesigen, hervorragend getarnten Kanonen durch eine kleine Luke auf die nächste Brücke oder Straße zielt.

Spätestens zu diesem Zeitpunkt der Besichtigung läuft einem ein kalter Schauer über den Rücken, und man ist erleichtert, dass die Munitionslager mittlerweile völlig leer geräumt sind. Die bisher noch nicht öffentlich zugänglichen Festungen im Berg gegenüber sollen sogar noch größer und spektakulärer sein. Eine Führung durch die Forts neben der Feengrotte fasziniert und beunruhigt zugleich: Von außen sind die militärischen Anlagen auch im Nachhinein kaum zu erkennen.

Dies sind bei Weitem nicht die einzigen Festungen, die es in den Alpen gibt. Die Schweizer Berge sind gewissermaßen ausgehöhlt, und selbst Chalets entpuppen sich manchmal als gut getarnte Bunker.

KARTE ▶ A3

Was: Besuch der Feengrotte und der Forts Scex bzw. Cindey
Wo: Saint-Maurice, Grotte und Forts sind vom Zentrum aus zu Fuß in rund 15 Min. zu erreichen.

Wann: Feengrotte: Mitte März–Mitte Nov. tgl. 10–17 Uhr (Juli/Aug. bis 18 Uhr); Fort Cindey Mitte Juli–Ende Aug. tgl. Führung um 10.30, 13.30 und 16 Uhr, Mitte März–Mitte

Juli und Sept.–Mitte Nov. Sa/So 14 Uhr; Fort du Scex nur mit Anmeldung an bestimmten Tagen (s. Homepage)
Wie viel: Feengrotte Erwachsene 8 SFr, Kinder

Die meisten dieser umfangreichen Bunkeranlagen sind während des Zweiten Weltkriegs entstanden. In dieses »Réduit«, einem System von militärischen Verteidigungsanlagen in den Schweizer Alpen, hätte sich die Armee bei einem Angriff der Achsenmächte zurückgezogen und die restliche Schweiz dem Feind überlassen. Die meisten Bunker wurden ab Mitte der 1990er-Jahre allerdings nach und nach aufgegeben. Nach dem Ende des Kalten Krieges hatte sich die Bedrohungslage stark verändert. Die riesigen militärischen Maulwurfsbauten mitten in Europa haben schlichtweg ihren Zweck verloren.

Obwohl es nicht so aussieht, sind die Bunker bei Martigny nicht mehr in Betrieb.

5 SFr; Fort Cindey Erwachsene 14 SFr, Kinder 7 SFr
Essen & Trinken: Am Eingang der Feengrotte gibt es eine »Buvette«, wo einfache Speisen und Getränke angeboten werden.

Web: www.grotteauxfees.ch; www.forteresse-st-maurice.ch
Sonstiges: Zusätzliche Kleidung mitnehmen: Die Temperatur in Fort und Grotte beträgt nur ca.

zehn Grad! Weitere Informationen zur Grotte aux Fées unter Tel. 024 / 485 10 45, zu den Forts über das Tourismusbüro unter Tel. 024 / 485 40 40.

Über die Grenze den Berg hinab

Fast akrobatisches Mountainbiken in Portes du Soleil.

zweimal den gleichen Pfad zu benutzen.

Das Gebiet um die beeindruckenden Dents du Midi ist ein regelrechtes Bikeparadies. Immerhin 24 Seilbahnen bringen die Sportler hinauf in die Bergwelt. Und die Wege sind außerordentlich vielfältig. Manche Trails sind nicht allzu steil, etwa die hervorragend für Familien geeignete »Route du Lait« von der Seilbahn-Bergstation »Croix de Coulet« 900 Höhenmeter hinunter nach Champéry.

Im Winter ist Portes du Soleil ein riesiges Skigebiet: Elf Orte haben sich zu einer Pistenregion zusammengeschlossen – die Abfahrten reichen bis nach Frankreich. Doch auch im Sommer machen die Gemeinden gemeinsame Sache.

Champéry, Val d'Illiez und Morgins unterhalten zusammen mehr als 300 km Mountainbike-Strecken, und jenseits der französischen Grenze kommen weitere 280 km dazu. Hier kann man tagelang ausgiebig Mountainbike fahren, ohne

Doch es gibt auch anspruchsvolle, rasante Downhill- und Freeridetrails, ebenfalls oberhalb von Champéry z. B. die Weltcup-Strecke, auf der sich bei internationalen Meisterschaften regelmäßig Profis messen.

KARTE ▶ A3

Was: Mountainbike fahren
Wo: Porte du Soleil
Wann: Ende Juni–Anfang Sept.
Wie viel: Tageskarte Erwachsene 23 SFr, Kinder 15 SFr

Essen & Trinken: zahlreiche Einkehrmöglichkeiten im gesamten Gebiet
Web: www.bikepark.ch
Sonstiges: Wer kein Bike mitbringt, kann in Champéry und Morgins eines

mieten (ab ca. 60 SFr pro Tag, Kinder ca. 25 SFr).

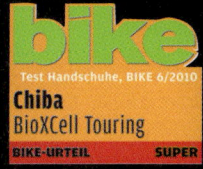

Große und kleine Eisenbahnliebhaber in Aktion.

Schweizer Stolz in Klein

Die kleine Schweiz ist ein großes Bahnland. Auf die SBB, die Schweizerische Bundesbahn, ist Verlass, und Panoramabahnen wie der Glacier Express ziehen Touristen aus der ganzen Welt an. Diese Eisenbahnidylle gibt es in Le Bouveret als Miniaturausgabe, genauer: im Maßstab 1:4. Auf 17 000 qm kutschieren Lokführer ihre Passagiere durch eine Modellwelt, in der auch Schweizer Sehenswürdigkeiten wie das Schloss Aigle, das in Wirklichkeit im Waadtländer Teil des Rhonetals steht, nicht fehlen. Um die 1,7 km lange Hauptstrecke zu befahren, stehen 16 Lokomotiven und Triebwagen zur Verfügung, die Hälfte davon wird mit Dampf betrieben. Die Auswahl ist dabei abwechslungsreicher als in der »großen« Schweiz: Mal zieht der Nachbau einer US-amerikanischen Amtrak-Lok die Gäste, mal eine verkleinerte Dampflokomotive der Furka-Oberalp-Bahn. Bei schlechtem Wetter werden Waggons mit Dach eingesetzt.

KARTE ▶ A2

Was: Swiss Vapeur Parc
Wo: Le Bouveret, Tel. 024 / 481 44 10
Wann: Mitte März–Ende Okt. tgl. 10–18 Uhr, Mitte März–Mitte Mai und Mitte Sept.–Ende Okt. unter der Woche erst ab 13.30 Uhr
Wie viel: Erwachsene 15 SFr, Kinder (4–16 Jahre) 13 SFr
Essen & Trinken: Im Park gibt es drei Gaststätten, die größte davon direkt am Genfer See (Selbstbedienung).
Web: www.swissvapeur.ch
Sonstiges: Im Juni findet ein Internationales Dampf-Festival statt.

Ab aufs Wasser!

Das Wallis ist in erster Linie für seine Bergwelt, seine Täler und Alpwiesen berühmt. Da gerät schnell in Vergessenheit, dass ein Zipfel des Kantons bis zum Genfer See reicht. In Le Bouveret z. B. ist die Atmosphäre alles andere als alpin: Das tiefblaue Wasser kräuselt sich im Wind und glitzert in der Sonne, Schiffe legen an, der Himmel wirkt groß, und der Horizont ist weit. Hier kann man eine Spritztour mit dem Tret- oder Motorboot unternehmen, angeln und sich den Freuden des Wassersports widmen: Die ganze Sommersaison über werden Wasserski, Windsurfen, Wakeboarden und Kajakfahren angeboten. Und auch »La Dame du Lac« bietet das perfekte Alternativprogramm zum Bergsport. Fabienne und Didier Liautaud, die hinter dem Projekt stehen, leiten Segel- und Motorbootkurse, vermieten Boote und bieten mit ihrem schönen Segelschiff »Grand Bleu« – gesteuert von einem professionellen Skipper – auch Halbtages- und Tagesausflüge auf dem Genfer See an. Außerdem hatten sie die schöne Idee des »Boat & Breakfast«: Auf zweien ihrer Boote können Gäste

Übernachten auf dem Wasser: »La Dame du Lac« macht's möglich.

übernachten. Nicht mitten auf dem See, sondern sicher vertäut im Hafen von Le Bouveret – Frühstück auf dem Boot inbegriffen. So ist es sogar in der Bergregion Wallis möglich, sich vom Wasser in den Schlaf schaukeln zu lassen!

KARTE ▶ A2

Was: Übernachtung auf dem Boot
Wo: Le Bouveret
Wann: Sommermonate
Wie viel: Erwachsene 55–80 SFr, Kinder bis 12 Jahre 35–45 SFr

Essen & Trinken: mehrere Einkehrmöglichkeiten in Le Bouveret
Web: www.ladamedulac.ch
Sonstiges: Auf dem Boot müssen mindestens zwei Personen übernachten.

Das größere hat Platz für bis zu vier Erwachsene und zwei Kinder, das kleinere für bis zu zwei Erwachsene und drei Kinder. Die Boote sind mit Toiletten ausgestattet.

TIPP **69** VEYTAUX
Schloss Chillon

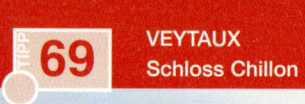

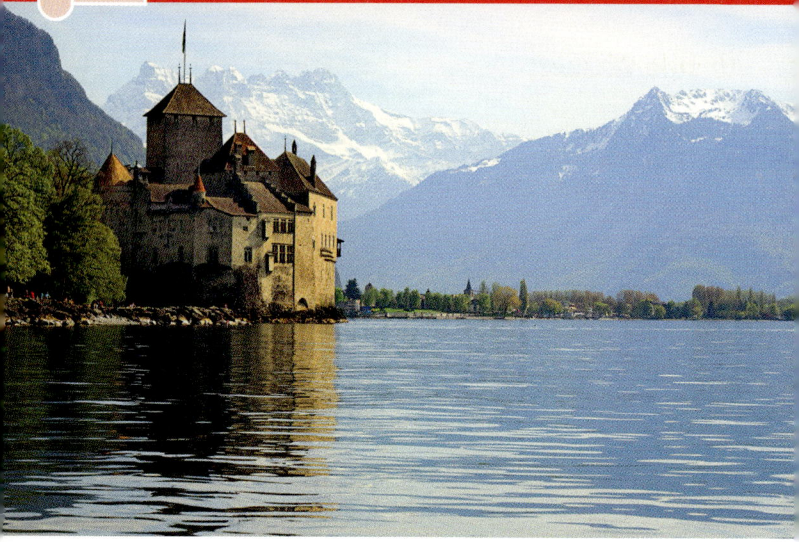

Die Wasserburg ist zweifelsohne eines der schönsten Schlösser der Schweiz.

Ein Schloss wie aus dem Märchen

In der Rhoneebene am Ausgang des Tals ist das Wallis zu Ende – zumindest auf der rechten Flussseite: Dort beginnt kurz vor Saint-Maurice der Kanton Waadt. Ein Ausflug in den Nachbarkanton lohnt sich, weil mit dem Schloss Chillon eine von dessen beliebtesten Sehenswürdigkeiten ganz nah liegt. 1150 wurde die Wasserburg erstmals erwähnt. Damals war sie im Besitz der Grafen von Savoyen, die lange Zeit den Handelsweg über den Großen-St.-Bernhard-Pass kontrollierten. Seine zweite Glanzzeit erlebte Chillon nach 1536 unter den Bernern. 1803 gelangte es in den Besitz des neu gegründeten Kanton Waadt und wurde schnell zur touristischen Attraktion. Ein Rundgang führt die Besucher durch unterirdisches Gewölbe, Paradesäle und Räume, die mit Wandmalereien aus dem 14. Jh. dekoriert sind.

KARTE ▶ A2

Was: Besuch des Schlosses Chillon
Wo: Veytaux, Avenue de Chillon 21, Tel. 021 / 966 89 10.
Wann: April–Sept. tgl. 9–19 Uhr, Okt. / März 9.30–18 Uhr, Nov.–Feb. 10–17 Uhr (letzter Eintritt eine Stunde vor Schließung)
Wie viel: Erwachsene 12 SFr, Kinder (6–16 Jahre) 6 SFr
Essen & Trinken: Cafeteria im Schloss sowie Restaurant Taverne du Château de Chillon (Tel. 021 / 961 19 70)
Web: www.chillon.ch

Multikulti-Zentrum und mittelalterliches Juwel

Mildes Klima, vielfältiges Kultur-programm, lauschige Gassen und grüne Parks sowie eine Promenade direkt am Genfer See: Lausanne gehört zu den attraktivsten Städten der Schweiz. Die Hauptstadt des Kantons Waadt eignet sich perfekt für einen Tagesausflug vom Unterwallis aus. Die Viertel im Norden der Stadt liegen über 450 m höher als die Seepromenade im Süden. Eine Zahnradbahn überbrückt die Differenz. Und doch kann man die Stadt problemlos zu Fuß erkunden. Am besten besucht man zuerst die mittelalterlichen Gassen des historischen Zentrums der Stadt. Boutiquen und Cafés laden zum Flanieren und zum Shopping ein, der Blick fällt auf bildschöne Fassaden und alte Kirchen. Über den Place de la Palud und die Escalier du Marché erreicht

man die Kathedrale. Das gotische Gotteshaus stammt aus dem 13. Jh. und wurde mehrmals umgebaut. Zu den Sehenswürdigkeiten der Kirche gehören das Eingangsportal, die Orgel und eine kunstvolle Rosette aus dem 13. Jh. Gleich nebenan befindet sich in der ehemaligen Bischofsresidenz das »Musée historique de Lausanne«. Empfehlenswert ist zudem ein Spaziergang durch den Park in Sauvabelin. Auch im Stadtteil Ouchy direkt am Genfer See kann man sich vergnügen: im Schwimmbad, an der Promenade oder auf einer Tour vorbei am Schloss und am Hotel »Beau-Rivage« zum Parc du Denantou.

Moderne Kunst
am Seeufer.

KARTE ▶ A1   ✕ 🏛 🏰 ≈ 🛍

Was: Stadtbesichtigung
Wo: Lausanne
Wann: ganzjährig
Essen & Trinken: Lausanne bietet eine große Vielfalt an Restaurants, vom traditionellen À la Pomme de

Pin bei der Kathedrale (Rue Cité-Derrière 11) bis zum eritreischen Restaurant Red Sea (Rue de la Tour 17).
Web: www.lausanne-tourisme.ch

Sonstiges: weitere Informationen bei Lausanne Tourisme, Tel 021 / 613 73 73

Wissenswertes
über das Wallis

von links nach rechts:
Charakteristische Häuser in Grimentz ▸ S. 66
Moderne Kunst im Genfer See ▸ S. 105
Museumsbesuch in Sion ▸ S. 74
Typische Walliser Alpkapelle ▸ S. 66

Veranstaltungskalender

JANUAR

Festival Scènes Valaisannes
Während dieses Theaterfestivals treten Ensembles auf Bühnen in mehreren Walliser Städten, u. a. in Sion, Sierre und Visp, auf.
Januar / Februar,
www.scenesvalaisannes.ch

Forum Wallis
Wie das gleichzeitig stattfindende Theaterfestival spielt sich auch dieses Festival für Neue Musik in mehreren Walliser Städten ab, u. a. in Brig und Sierre. Zahlreiche Musikensembles und Avantgardekünstler treten auf den verschiedenen Bühnen auf. Das vorrangig regional ausgerichtete Festival bietet eine große Vielfalt an zeitgenössischem Kulturschaffen.
Mitte Januar–Mitte Februar,
www.forumwallis.ch

FEBRUAR

Tschäggätä
Im Lötschental ist die Fastnachtszeit besonders aufregend – dort treiben angeblich schon seit dem 11. Jh. die »Tschäggätä« ihr Unwesen. Die männlichen Bewohner des Tals kleiden sich in Fellkostüme, setzen sich gruselige, selbst geschnitzte Holzmasken auf und erschrecken auf diese Weise Kinder und Frauen. Bis zur Mitte des 20. Jahrhunderts war es üblich, dass sich nur ledige, volljährige Burschen verkleideten.
Zwischen Mariä Lichtmess (2. Februar) und Aschermittwoch, www.masken.ch

MAI

Ringkuhkampf-Finale
Ab Ende März und im April kämpfen Kühe der Eringer Rasse an verschiedenen Orten im Wallis gegeneinander. Anfang Mai kommt es dann zum großen Finale in Aproz. Die Kühe werden nicht zum Kampf abgerichtet, sondern ringen in Gruppen um die natürliche Rangordnung. Die Kuh, die sich gegen alle Gegnerinnen durchsetzt, wird zur »Königin« gekürt.
Anfang Mai, www.raceherens.ch

JUNI

Alpaufzüge
In zahlreichen Orten des Wallis ziehen die Bauern mit ihren Tieren unter Glockengebimmel auf die Alp. Die Walliser Landwirtschaftskammer gibt jedes Jahr eine Liste mit den exakten Daten heraus. Verschiedene Festivitäten begleiten den Aufstieg.
Juni, www.feinschmecker-wallis.ch

Festival d'Art de Rue
Während des kostenlosen Festivals füllt sich die Altstadt von Sion mit Straßenkünstlern aus aller Welt.
Zwei Tage im Juni,
www.festival-sion.ch

Sismics Festival
Das Festival widmet sich mit Ausstellungen und Ateliers ganz der Comickultur. Zahlreiche Autoren sind anwesend, Konzerte ergänzen das Programm.

Wer wird »Königin«? Ringkuhkämpfe locken im Wallis Einheimische wie Touristen an.

Vier Tage Anfang Juni,
www.sismics.ch

Juli

Zermatt-Marathon
Wer die ultimative konditionelle Herausforderung sucht, kann einen Alpenmarathon ins Auge fassen. Der ist mit 42 km zwar genauso lang wie ein normaler Marathon, doch es geht zusätzlich noch bergauf – in Zermatt über 1900 Höhenmeter. Der Start ist die Ortschaft St. Niklaus unterhalb von Zermatt, das Ziel der Riffelberg am Gornergrat.
Ein Tag im Juli,
www.zermattmarathon.ch

Internationales Alphornfestival »Cor des Alpes«
Bei dieser Veranstaltung auf einer Alpwiese oberhalb von Nendaz treffen sich jedes Jahr Alphornbläser zum gemeinsamen Musizieren (bis zu 150 Alphörner gleichzeitig!) und Feiern.
Drei Tage im Juli,
www.nendaz-cordesalpes.ch

International Alpine Music Festival
Das Festival in Saas-Fee bietet ein abwechslungsreiches Potpourri der Volksmusik, perfekt für Freunde von Jodel-, Ländler- und Schwyzerörgeliklängen.
Vier Tage im Juli, www.saas-fee.ch/iamf

Musikwochen Ernen
Großartige Musik in einem kleinen Dorf: Etwa einen Monat lang finden in Ernen zahlreiche hochkarätige Klassikkonzerte statt – ein echter musikalischer Höhepunkt im Walliser Kulturleben!
Mitte Juli–Mitte August,
www.musikdorf.ch

Verbier Festival
Bei diesem Klassikfestival gelangt vor allem Kammermusik zur Aufführung. Die Veranstalter engagieren sich stark in der Nachwuchsförderung und unterhalten auch ein eigenes Jugendorchester.
Mitte–Ende Juli,
www.verbierfestival.com

AUGUST

Les Sommets du Classique
Auch Crans-Montana beteiligt sich am Reigen der Walliser Klassikfestivals. Zum Programm gehört u. a. der Klavierwettbewerb »Les Virtuoses du Futur«.
Zehn Tage um die 2. Augustwoche,
www.lessommetsduclassique.ch

Open Air Gampel
Schon seit Mitte der 1980er-Jahre pilgern Rock- und Popmusikfans aus der ganzen Schweiz zu dieser Veranstaltung in Gampel. Anfangs kamen nur um die 500 Leute, heute zählt das Festival jedes Jahr über 75 000 Besucher. Auf der Bühne stehen Bands wie Mando Diao, Fettes Brot oder The Prodigy.
Vier Tage im August,
www.openairgampel.ch

Älplerfest
Traditionelles Alpfest auf der Triftalp bei Saas-Grund mit Messe, Konzerten, Ringkuhkrönung, Schaukäsen und Steinstoßen.
Mitte August, www.hohsaas.info

Sion Festival
Ein weiteres Klassikfestival mit sehr erlesenem Programm. Im Zentrum steht die Violine; auch ein internationaler Geigenwettbewerb findet im Rahmen des Festivals statt.
Mitte–Ende August,
www.sion-festival.ch

Folklorefestival
Zum Folkloreumzug und -festival in Zermatt reisen Vereine aus der gesamten Schweiz an – egal ob sie singen, jodeln, tanzen oder das Alphorn blasen.
2. Wochenende im August,
www.zermatt.ch

Internationaler Matterhornlauf
Die Strecke von Zermatt hinauf zur Schwarzseeregion bietet zwar immer wieder schöne Ausblicke, die meisten Läufer dürften aber eher mit ihrer Kondition beschäftigt sein: Die über 12 km lange Strecke ist ziemlich schweißtreibend – es geht fast 1000 Höhenmeter bergauf!
Ein Wochenende im August,
www.matterhornlauf.ch

SEPTEMBER

Vinea
Großes Weinfest in Sierre mit simplem, aber überzeugendem Konzept: Die Eintrittskarte berechtigt zur kostenlosen Degustation der Weine. Hunderte von Tropfen stehen zur Auswahl und ermöglichen gewissermaßen eine Weinreise durch das gesamte Wallis.
1. Wochenende im Sept., www.vinea.ch

Zermatt Festival
Draußen das Matterhorn, drinnen Klavier-Rezitals, Sinfoniekonzerte und Chorstücke: Das Zermatt Festi-

val bietet klassische Musik, dargeboten von berühmten Ensembles.
Erste und zweite Septemberwoche,
www.zermattfestival.com

Alpabzüge
Im September bringen die Bauern ihre Tiere wieder ins Tal. Einer der bekanntesten und spektakulärsten Wege verläuft von der Gemmiregion über den steilen Gemmiweg nach Leukerbad und schließlich nach Leuk. Beim Alpabzug laufen rund 800 Schafe ins Tal und legen dabei mehr als 1700 Höhenmeter zurück.
September, www.leukerbad.ch

OKTOBER

Walliser Kastanienfest
Beim traditionellen Dorffest von Fully gibt es gebratene Kastanien und einen Markt, auf dem weitere Köstlichkeiten angeboten werden.
Mitte Oktober, www.fully.ch

NOVEMBER

Foire Sainte Catherine
Seit über 90 Jahren wird in Sierre jedes Jahr mit einem Fest und einem bunten Markt die Schutzpatronin der Stadt, die hl. Katharina, gefeiert. Höhepunkt ist die traditionelle Wahl der Königin der »Catherinettes«. Die Kandidatinnen sind 25-jährige, unverheiratete Frauen, die sich mit einem selbst gemachten Hut zu einem bestimmten Thema (z. B. »Mein allergrößter Traum«) schmücken.
Wochenende um den 25. November,
www.foire.sierre.ch,
www.braderiesaintecatherine.ch

Handgeschnitzt: Tschäggätä-Fastnachtsmaske im Lötschental.

DEZEMBER

Weihnachtsmärkte
Vielerorts im Wallis finden Weihnachtsmärkte statt. Nebst den großen Märkten in Sion oder Crans-Montana gibt es auch kleinere Veranstaltungen wie die »Féeries« in Grimentz, mit Konzerten und Kinderanimation, oder die »Foire du Lard« in Martigny, ein Wurst- und Speckmarkt, dessen Tradition bis ins 19. Jh. zurückreicht.
Féeries: 2. Wochenende im Dezember,
www.feeries.ch
Foire du Lard: erster Montag im
Dezember, www.martigny.com

Wissenswertes von A bis Z

Auf einen Blick

FLÄCHE: Der Schweizer Kanton Wallis ist rund 5200 qkm groß, doch nur etwas über drei Prozent des Gebiets sind besiedelt. Mehr als die Hälfte der Fläche gilt als »unproduktiv«, d. h. ist weder Wald noch landwirtschaftliche Nutzfläche. Geografisch deckt sich der Kanton mit dem Rhonetal und dessen Seitentälern. Im Norden und Süden wird er von zwei Alpenketten (Walliser und Berner Alpen) begrenzt, im Osten durch den Talschluss, im Westen durch den Genfer See.

EINWOHNER: Rund 300 000 Menschen leben im Wallis. Die Kantonshauptstadt Sion ist mit ungefähr 30 000 Einwohnern die größte Stadt, es folgen Monthey (rund 16 500 Einwohner), Sierre (rund 16 000 Einwohner), Martigny (rund 16 000 Einwohner) und Brig-Glis (rund 12 000 Einwohner). Etwas mehr als 60 % der Bevölkerung sprechen Französisch, etwas unter 30 % Deutsch.

BERGE: Allein in den Walliser Alpen im Süden des Kantons ragen über 40 Gipfel mehr als 4000 m in die Höhe. Der höchste Berg des Wallis ist zugleich der höchste der Schweiz: die Dufourspitze mit 4636 Höhenmetern. Der tiefste Punkt des Wallis, das Ufer des Genfer Sees, liegt über 4000 Höhenmeter tiefer.

WÄHRUNG: 1 Euro = rund 1,3 Schweizer Franken (SFr oder CHF), Stand Februar 2011

POLITIK: Die Walliser Politik ist seit jeher stark von christdemokratischen Strömungen geprägt, die von zwei Parteien repräsentiert werden: der Christlichdemokratischen Volkspartei (CVP) und der Christlichsozialen Partei Oberwallis (CSPO). Seit 2009 kommen beide Parteien zusammen auf 68 der 130 Sitze in der gesetzgebenden Behörde des Kantons, dem Großen Rat (Grand Conseil). Die zweitstärkste Kraft in diesem Gremium sind die Liberalen (FDP) mit 28 Sitzen, gefolgt von den Sozialdemokraten (SP) mit 17 Sitzen. Ihren Einfluss verdoppeln konnte 2009 die Schweizerische Volkspartei (SVP), die nun zwölf Politiker stellt.

WIRTSCHAFT: Rund 66 % der Erwerbstätigen sind im Wallis im Dienstleistungssektor tätig. Als wichtigste Branche gilt dabei der Tourismus. 26 % der Erwerbstätigen sind in Industriebetrieben beschäftigt. Hier dominieren die Bereiche Chemie und Metallverarbeitung. Einen großen Anteil an dieser Entwicklung haben die großen Niederlassungen von internationalen Chemiekonzernen, z. B. Lonza in Visp und Novartis in Monthey. Knapp 8 % der Walliser finden ihr Auskommen in der Landwirtschaft. Etwa die Hälfte der in der Landwirtschaft Tätigen arbeitet im Weinbau; zwei weitere wichtige Arbeitsfelder sind die Viehzucht und der Obstanbau.

ANREISE UND VERKEHR

Die Walliser Straßen sind gut ausgebaut, wenn auch in den Seitentälern oft schmal und kurvenreich. Die Hauptverkehrswege im Rhonetal und die Zugangswege zu einigen touristischen Zentren wie Zermatt sind zu den Stoßzeiten überlastet. Insbesondere bei Visp kommt es regelmäßig zu Staus. Die Autobahn A 9 verläuft über Vevey ins Unterwallis bis nach Sierre (Mautpflicht durch Vignette, 40 SFr, erhältlich u. a. an Raststätten). Eine sehr beliebte Anfahrtsstrecke führt durch den Lötschbergtunnel ins Oberwallis. Eine gute Alternative zum Pkw sind öffentliche Verkehrsmittel: Per Bahn, Bus und Postauto können Urlauber fast jedes Reiseziel problemlos erreichen. Direktverbindungen ins Wallis gibt es u. a. von Basel, Bern, Zürich und Genf (Fahrpläne auf www.sbb.ch). Die Fahrtkosten sind recht hoch, doch es gibt Vergünstigungen: Die »Erlebnis Card« gewährt freie Fahrt mit dem Postauto und der Matterhorn Gotthard Bahn im Oberwallis sowie weitere Rabatte (ab 55 SFr, 2–5 Tage, www.erlebnis-card.ch). Lohnen können sich auch die landesweit gültigen Angebote des »Swiss Travel System« (www.swisstravelsystem.com), u. a. das »Halbtaxabo« für Touristen (50 % Ermäßigung für Bahn, Bus und Schiff während eines Monats, 99 SFr).

AUSKUNFT

Der Dachverband der Region ist Wallis Tourismus. Dessen Internetseite informiert umfassend über das gesamte Gebiet, gibt Wandertipps und bietet einen Veranstaltungskalender. Auch Übernachtungen oder Pauschalangebote lassen sich dort buchen. Unter »Destinationen und Ferienorte« findet man zudem die Kontaktdaten der regionalen Tourismusbüros.

Wallis Tourismus,
Sion, Rue Pré Fleuri 6,
Tel. 027 / 327 35 70,
www.wallistourismus.ch

BERGHÜTTEN

Im Hochgebirge, oft in abenteuerlichen Lagen, gibt es zahlreiche einfache Hütten des Schweizer Alpen-Clubs SAC. Der Schlafplatz muss rechtzeitig reserviert werden. In der Regel wird in Mehrbettzimmern übernachtet, abends warm gekocht und beim Frühstück Tee zum Mintnehmen bereitgestellt (Halbpension pro Person 50–80 SFr). Weitere Informationen unter www.sac-cas.ch.

FERIENWOHNUNGEN

Viele Urlauber mieten im Wallis eine Ferienwohnung. Eine Auswahl findet man auf Online-Buchungsportalen wie www.interhome.ch. Besonders in den Skiregionen sollte man möglichst früh buchen. Auch der sanfte Tourismus wird im Wallis immer beliebter. Wer Urlaub auf einem Bauernhof machen möchte, findet Informationen unter www.feinschmecker-wallis.ch oder bei Wallis Tourismus.

KLIMA

Im Wallis scheint die Sonne überdurchschnittlich oft. Die Durchschnittswerte sind jedoch trügerisch, die lokalen Unterschiede sind enorm. Auch wenn es im Sommer im Tal über 30 °C heiß ist, kann es am gleichen Tag im Hochgebirge regnen und empfindlich kalt sein. Nehmen Sie also auf Ausflüge immer wärmere Kleidung mit! Die jährliche Niederschlagsmenge variiert extrem: Auf dem Großen Sankt Bernhard ist sie z. B. fast viermal so hoch wie im Mittelwallis.

MEDIEN
Im Oberwallis bietet der deutschsprachige Radiosender »Radio Rottu Oberwallis« lokale News und ein abwechslungsreiches Musikprogramm (www.rro.ch). Ebenfalls im Oberwallis beheimatet ist die deutschsprachige Tageszeitung »Walliser Bote« (www.walliserbote.ch).

NOTRUFNUMMERN
Polizei 117, Feuerwehr 118, Krankenwagen 144

REISEZEIT
Die beste Zeit für einen Wanderurlaub ist zwischen Juni und September. Für Ausflüge ist auch ein schöner Herbsttag hervorragend geeignet. Die Hochsaison der Wintersportorte beginnt um Weihnachten und dauert bis in den März. Dann herrscht in den Urlaubsdestinationen wie Zermatt oder Crans-Montana Hochbetrieb. Manche Restaurants und Hotel sind sogar nur während dieser Zeit geöffnet.

SPEZIALITÄTEN
Die Walliser Klassiker sind Produkte wie Trockenfleisch, Käse, Roggenbrot und Raclette. Eine wei-

Da werden die Kühe neidisch: Mit dem Postauto kommt man im Wallis überallhin.

tere Spezialität ist der sogenannte Cholera-Kuchen, ein Gebäck mit herzhaften Füllungen, z. B. Kartoffeln, Käse, Zwiebeln, Äpfeln oder Birnen. Der Name geht wohl auf die Cholera-Epidemien im 19. Jh. zurück. Während dieser Seuchenzeiten war der Handel mit Lebensmittel verboten. Was im Haushalt war, musste ausreichen. Für den Kuchen wurden auch gerne verschiedene Reste vermengt und in einem Teigmantel gebacken. Eine ähnliche Spezialität ist der »Gâteau de Savièse«, ein Kuchen mit Lauch, Speck, Käse und Kartoffeln aus Savièse bei Sion. Ursprünglich von dort stammt auch die Nachspeise Sii. Für sie wird Roggenbrot in Rotwein und Holundersaft eingeweicht und mit Schlagsahne und Aprikosen serviert.

SPRACHE
Seien Sie nicht erstaunt, wenn ein Walliser Sie plötzlich nicht mehr zu verstehen scheint. Vermutlich haben Sie gerade die Sprachgrenze überschritten: Während die Oberwalliser Deutsch (bzw. den Dialekt Walliserdeutsch) sprechen, verständigen sich die Unterwalliser auf Französisch. Seien Sie auch nicht erstaunt, wenn Sie sogar die Oberwalliser manchmal nicht verstehen. Der Dialekt bietet einen reichen Fundus eigener Wörter, die sich zum Teil auch ins Hochdeutsche verirren. Gerade die in einer Bergregion oft verwendeten Wörter »hinauf« und »hinunter« klingen ganz anders: die Oberwalliser sagen »embrüff« und »embrii«. Eine Flasche ist auch mal eine »Guttra«,

ein Fels ein »Tschuggo«, Schweizer aus anderen Kantonen werden gerne als »Üsserschwizer« bezeichnet. Wobei das noch nicht die ganze Wahrheit ist: Der Walliser Dialekt teilt sich wiederum in zwei Idiome, in Visp spricht man vieles etwas anders aus als etwa in Fiesch. Dafür gibt es im Schweizerdeutschen nur zwei Zeitformen: Präsens und Perfekt.

TELEFON
Die Telefonvorwahl für die Schweiz ist 00 41.

WANDERN
Für die meisten Wanderungen sind gutes Schuhwerk und eine Wanderkarte unabdingbar. Besonders detailreich sind die Karten des Schweizer Bundesamts für Landestopografie. Bedenken Sie, dass sich das Wetter im Hochgebirge sehr schnell ändern kann. Gute Wandervorschläge bietet auch die Seite www.wanderland.ch (Suche auf das Wallis einschränken).

WILDTIERE
Wer oft und vor allem in abgelegenen Gebieten wandert, kann im Wallis mit etwas Glück auf Wildtiere treffen – der Kanton hat eine reiche Fauna. Im September röhren Hirsche, im Juni spielen Junggämsen im Gebirge. Dazu kommen Bartgeier, Adler, Birkhühner, Biber, und Hasen. Auch Luchse wurden wieder angesiedelt. Wer Tiere beobachten möchte, wählt dazu am besten Schongebiete. Das Jagen ist unter Wallisern sehr beliebt, das macht die Tiere nicht zutraulicher.

Literatur

Die Bücher des in Visp ansässigen Rotten Verlags sind im Schweizer Buchhandel erhältlich. Man kann sie online u. a. bei www.buch.ch bestellen.

Bergfloh 3: Bergwandern mit Kindern

Das Buch gibt Tipps zu Wanderungen im Wallis und im Berner Oberland, die sich gut für Familien eignen. Und falls es den Kindern doch langweilig wird, liefert es auch Informationen zu Spielplätzen und Spielideen für unterwegs.

Remo Kundert, Werner Hochtrein, Rotpunktverlag, 26 €

Dies Land ist maßlos und ist sanft

Der Schmöker ist zwar fast zu schwer, um ihn auf eine Wanderung mitzunehmen, aber dafür unterhaltsam und spannend zu lesen: 25 Wanderungen auf den Spuren von Schriftstellern und Schriftstellerinnen wie Maurice Chappaz, Max Frisch, Goethe, Rainer Maria Rilke oder Carl Zuckmayer.

Michael T. Ganz, Dominique Strebel (Hg.), Rotpunktverlag, 26 €

Hexenplatz und Mörderstein. Die Geschichten aus dem magischen Pfynwald

Der Historiker Wilfried Meichtry geht den Sagen und Legenden aus dem Pfynwald (s. Tipp 35), von denen ihm seine Großmutter erzählt hat, auf den Grund. Ein Buch über Monsterjäger, Abenteurer, Wegelagerer und geheime Liebespaare.

Wilfried Meichtry, Nagel & Kimche 2010, 17,90 €

MERIAN Wallis

Das MERIAN Magazin (Ausgabe 6/2010) bietet neben beeindruckenden Fotos zahlreiche Hintergrundgeschichten und Reportagen über die Region.

Div. Autoren, Travel House Media Verlag, 7,95 €

Rebe und Wein im Wallis

In der erst kürzlich erschienenen Enzyklopädie informieren Experten auf über 500 Seiten über alle Aspekte des Weinbaus im Wallis.

Walliser Weinmuseum 2010, ca. 65 € (bestellbar über www.histoireduvin. ch)

Reiseführer Wallis

Der Kulturreiseführer bietet zwar keine Tipps zu Hotels und Restaurants, begeistert aber durch seinen Detailreichtum und die kenntnisreichen Texte des Autorenkollektivs.

Walliser Kantonsmuseen, Wallis Tourismus u. a. (Hg.), Rotten Verlag, 32 € (im Buchhandel vor Ort erhältlich)

Rother Wanderführer Oberwallis/ Unterwallis

Den bewährten Rother-Wanderführer gibt es auch für das Wallis. In zwei Bänden werden je ungefähr 50 Touren vorgestellt: die einen im deutschsprachigen Oberwallis, die anderen im französischsprachigen Unterwallis.

Michael Waeber, Hans Steinbichler, Bergverlag Rother, je 12,90 €

Wie in der übrigen Schweiz auch im Wallis ganz typisch: Alphörner.

Veloland Schweiz 1: Rhone-Route

Der offizielle Routenführer zur Rhoneradtour (s. Tipp 63), gut geeignet zur ersten Orientierung und Planung. Mit verschiedenen Karten und Abbildungen.

Werd Verlag 2008, 19 €

Von Humagne Rouge bis Heida – Ein weinkulinarisches Abenteuer im Wallis

Die Schweizer Weinautorin Chandra Kurt und die Önologin Madeleine Gay haben zusammen nicht nur eine eigene Weinkollektion mit alten Walliser Rebsorten kreiert, sondern auch ein Buch zu diesem kulinarischen Erbe der Region verfasst. Mit Rezepten, Geschichte und Hintergrundinformationen.

Madeleine Gay, Chandra Kurt, Orell Füssli Verlag 2011, 36 €

Wanderbuch Wallis

Der Wanderführer stellt sowohl einfache wie auch anspruchsvolle Touren vor. Er enthält Höhenprofile und Tourenkarten sowie Tipps zu Hotels und Restaurants.

Thomas Rettstatt, Kompass Verlag, 11,95 €

Wandern an sagenhaften Suonen

Kenntnisreich, spannend und umfassend beschreibt der junge Autor die zahlreichen Suonenwanderungen im Wallis (s. Tipp 51). Johannes Gerber pflegt auch die informative Seite www.suone.ch.

Johannes Gerber, Rotten Verlag 2009, 29 €

Zwischen Visp und Macugnaga. Unterwegs auf Säumer- und Walserwegen

Das Buch verbindet fundierte Texte über die Kultur und Geschichte der Walser mit Wandervorschlägen, u.a. einer detaillierten Beschreibung der Route von Tipp 22.

Max und Erna A. Waibel, Rotten Verlag 2010, 27 €

Register

Quickfinder – alle Ausflugstipps auf einen Blick

Tipp	Seite	Ort	Ausflugstipp	Jahreszeit
1	14	Furkapass	Eisgrotte im Rhonegletscher	Juni–Okt.
2	15	Oberwald	Per Dampflok über den Furkapass	Juni–Okt.
3	16	Obergoms	Rafting auf der Rhone	Mai–Sept.
4	18	Blitzingen	Elektrobike-Fahrt von Blitzingen nach Binn	Juni–Nov.
5	20	Goms	Langlaufen in ruhiger Natur	Nov.–April
6	21	Goms	Einkehr in einem Cäsar-Ritz-Betrieb	ganzjährig
7	22	Binntal	Besuch im Landschaftspark	Sommer
8	23	Aletsch	Gleitschirm-Tandemflug von der Fiescheralp	ganzjährig
9	24	Bettmeralp	Geführte Gletscherwanderung	Juni–Okt.
10	26	Riederalp	Pro Natura Zentrum Aletsch und Aletschwald	Juni–Okt.
11	28	Belalp	Aletsch-Panoramaweg zur Riederalp	Sommer
12	29	Blatten-Belalp	Canyoning in der Massaschlucht	Mai–Okt.
13	30	Brig	Stadtrundgang bis nach Naters	ganzjährig
14	32	Mund	Besuch im Safrandorf	ganzjährig
15	34	Simplon	Kulturweg »ViaStockalper«	Juni–Okt.
16	36	Simplon	Goldwaschen im Zwischbergental	Sommer
17	37	Naters	Zentrum Garde	Juni–Okt.
18	38	Visperterminen	Kulturpark und Weindorf	ganzjährig
19	39	Törbel	Rundgang im Dorf	Mai–Okt.
20	40	Saastal	Rodeln auf planierten Pisten	Dez.–März
21	41	Saas-Fee	Klettersteig Gorge Alpine	ganzjährig
22	42	Saastal	Walserwege	Juni–Okt.
23	43	Saas-Fee	Geführte Besteigung des Allalinhorns	Sommer

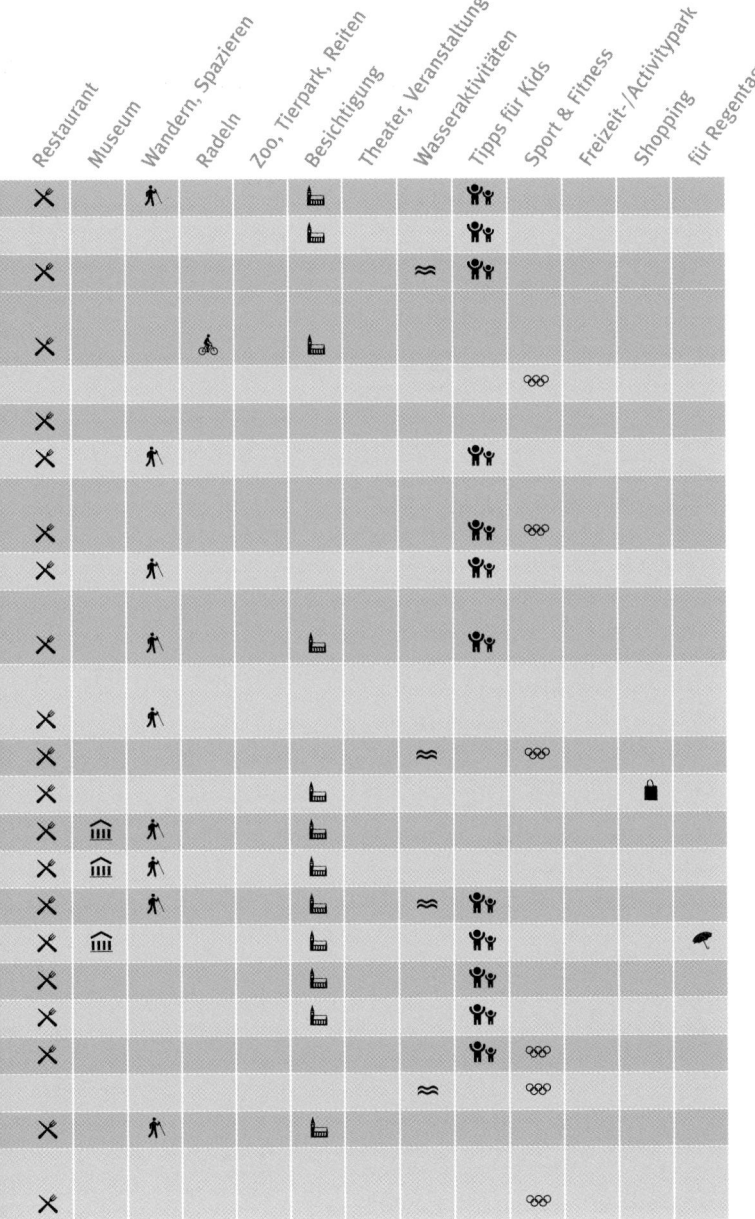

Restaurant	Museum	Wandern, Spazieren	Radeln	Zoo, Tierpark, Reiten	Besichtigung	Theater, Veranstaltung	Wasseraktivitäten	Tipps für Kids	Sport & Fitness	Freizeit-/Activitypark	Shopping	für Regentage
✕		🚶			🏛			👫				
					🏛			👫				
✕							≈	👫				
✕			🚲		🏛							
									◯◯◯			
✕												
✕		🚶						👫				
✕								👫	◯◯◯			
✕		🚶						👫				
✕		🚶			🏛			👫				
✕		🚶										
✕							≈		◯◯◯			
✕					🏛						🛍	
✕	🏛	🚶			🏛							
✕	🏛	🚶			🏛							
✕		🚶			🏛		≈	👫				
✕	🏛				🏛			👫				☂
✕					🏛			👫				
✕					🏛			👫				
✕								👫	◯◯◯			
							≈		◯◯◯			
✕		🚶			🏛							
✕									◯◯◯			

Quickfinder – alle Ausflugstipps auf einen Blick

Tipp	Seite	Ort	Ausflugstipp	Jahreszeit
24	44	Grächen	Snowbiken	Dez.–April
25	45	Zermatt	Skifahren	Dez.–April
26	46	Zermatt	Ausflug auf das Kleine Matterhorn	ganzjährig
27	47	Zermatt	Gornergrat Bahn	ganzjährig
28	48	Zermatt	Besuch des Matterhorn-Museums	Dez.–Okt.
29	49	Raron	Dorfbesichtigung	ganzjährig
30	50	Lötschental	Wanderung über den Lötschenpass	Sommer
31	52	Lötschental	Wanderung zur Anenhütte	Juni–Okt.
32	54	Turtmanntal	Erkundungstour mit Wanderung	Sommer
33	55	Leukerbad	Klettersteig aufs Daubenhorn	Juli–Okt.
34	56	Leukerbad	Kuren in den Thermen	ganzjährig
35	57	Pfynwald	Besuch im Naturpark	ganzjährig
36	58	Salgesch / Sierre	Reb- und Weinmuseum mit Lehrpfad	März–Nov.
37	60	Sierre	Stadtrundgang	ganzjährig
38	61	Sierre	Rainer-Maria-Rilke-Stiftung	April–Okt.
39	62	Sierre	Raclette- und Weindegustation	ganzjährig
40	63	Crans-Montana	Alp- und Ökomuseum Colombire	ganzjährig
41	64	Crans-Montana	Golf spielen	Mai–Okt.
42	65	St. Luc	Schneeschuhtour auf dem Planetenweg	Dez.–April
43	66	Grimentz	Geführter Dorfrundgang mit Gletscherweinprobe	Dez.–April / Juni–Okt.
44	67	Vercorin	Abenteuerwald	Mai–Juni / Aug.–Okt.
45	68	Vallon de Réchy	Wanderung	Juni–Okt.
46	69	Granges	Vergnügungspark Happyland	März–Okt.
47	70	Saint-Léonard	Unterirdischer See	März–Okt.

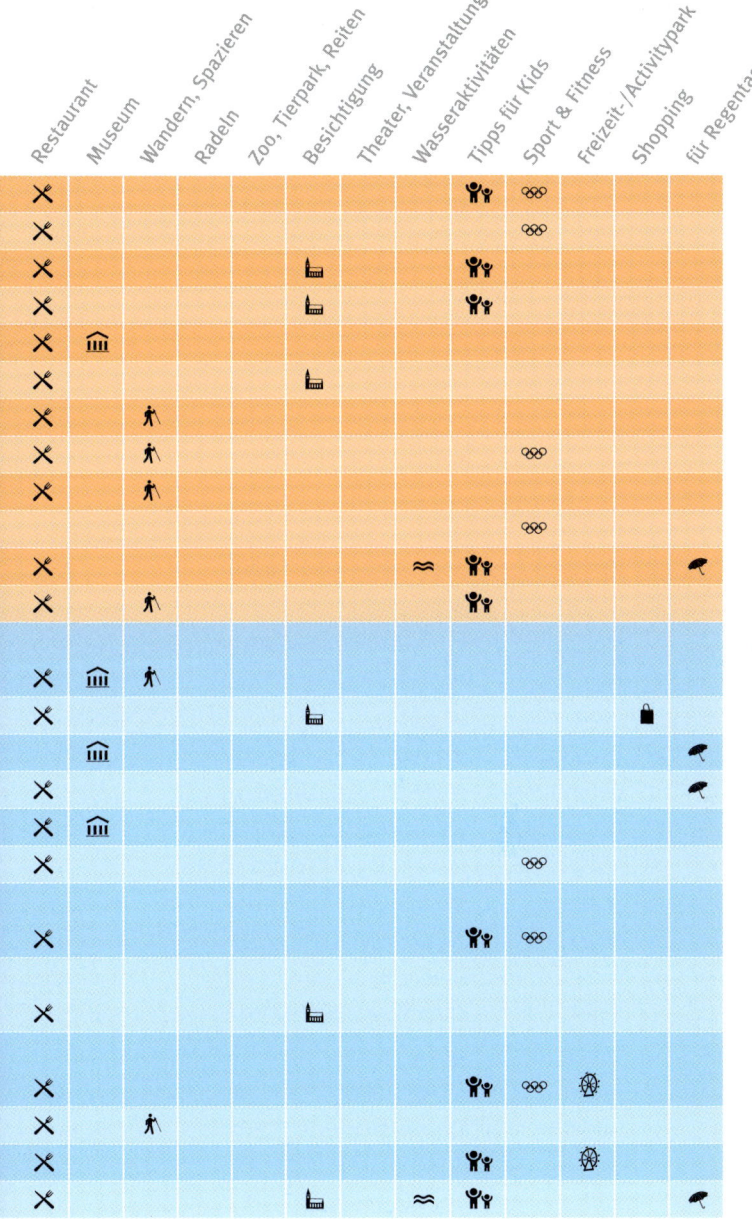

Restaurant	Museum	Wandern, Spazieren	Radeln	Zoo, Tierpark, Reiten	Besichtigung	Theater, Veranstaltung	Wasseraktivitäten	Tipps für Kids	Sport & Fitness	Freizeit-/Activitypark	Shopping	für Regentage
✕								👨‍👧	⚬⚬⚬			
✕									⚬⚬⚬			
✕					⛪			👨‍👧				
✕					⛪			👨‍👧				
✕	🏛											
✕					⛪							
✕		🚶										
✕		🚶							⚬⚬⚬			
✕		🚶										
									⚬⚬⚬			
✕							≈	👨‍👧				☂
✕		🚶						👨‍👧				
✕	🏛	🚶										
✕					⛪						🛍	
	🏛											☂
✕												☂
✕	🏛											
✕									⚬⚬⚬			
✕								👨‍👧	⚬⚬⚬			
✕					⛪							
✕								👨‍👧	⚬⚬⚬	🎡		
✕		🚶										
✕								👨‍👧		🎡		
✕					⛪		≈	👨‍👧				☂

Quickfinder – alle Ausflugstipps auf einen Blick

Tipp	Seite	Ort	Ausflugstipp	Jahreszeit
48	72	Sion	Stadtrundgang	ganzjährig
49	74	Sion	Besuch der Museen	ganzjährig
50	76	Val d'Hérens	Mit dem Postauto ins Tal hinein	ganzjährig
51	78	Nendaz	Suonenwanderung	Frühling– Herbst
52	80	Grande Dixence	Die höchste Staumauer Europas	Juni–Okt.
53	82	Derborence	Das Tal der Steine	Sommer
54	83	St.-Pierre-de-Clages	Besuch im Buchdorf	ganzjährig
55	84	Saillon	Rundgang und Falschgeldmuseum	ganzjährig
56	86	Verbier	Snowboard- und Skifahren	Nov.–April
57	88	Großer St. Bernhard	Ausflug auf den Pass	ganzjährig
58	90	Martigny	Fondation Pierre Gianadda	ganzjährig
59	92	Vernayaz	Begehbare Trient-Schlucht	Mai–Sept.
60	94	Les Granges	Erholung im Bio-Hotel »Balance«	ganzjährig
61	95	Les Marécottes	Alpiner Zoologischer Garten	ganzjährig
62	96	Le Chatélard	Standseilbahn und Staumauer	Mai–Okt.
63	98	Rhonetal	Radtour entlang der Rhone	Sommer
64	99	St. Maurice	Klosterbesuch und Stadtrundgang	ganzjährig
65	100	St. Maurice	Grotten- und Bunkerbesuch	März–Nov.
66	102	Portes du Soleil	Biketouren bis nach Frankreich	Juni–Sept.
67	104	Le Bouveret	Swiss Vapeur Parc mit Minizügen	März–Okt.
68	105	Le Bouveret	Bed & Breakfast auf dem Genfer See	Sommer
69	106	Veytaux	Schloss Chillon	April–Sept.
70	107	Lausanne	Tagesausflug in die Waadtländer Hauptstadt am Genfer See	ganzjährig

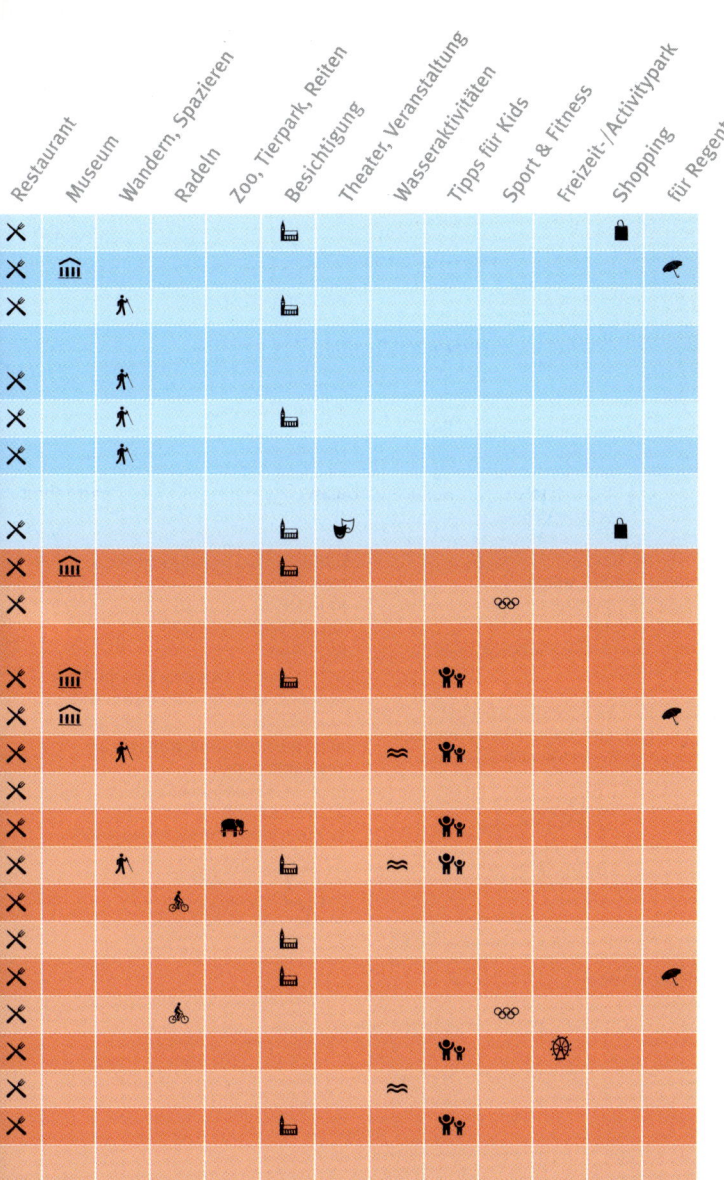

Restaurant	Museum	Wandern, Spazieren	Radeln	Zoo, Tierpark, Reiten	Besichtigung	Theater, Veranstaltung	Wasseraktivitäten	Tipps für Kids	Sport & Fitness	Freizeit-/Activitypark	Shopping	für Regentage
✕					🏛						🛍	
✕	🏛											☂
✕		🚶			🏛							
✕		🚶										
✕		🚶			🏛							
✕		🚶										
✕					🏛	🎭					🛍	
✕	🏛				🏛							
✕									⚉			
✕	🏛				🏛			👫				
✕	🏛											☂
✕		🚶					≈	👫				
✕												
✕				🐘				👫				
✕		🚶			🏛		≈	👫				
✕			🚲									
✕					🏛							
✕					🏛							☂
✕			🚲						⚉			
✕								👫		⚙		
✕							≈					
✕					🏛			👫				
✕	🏛				🏛		≈				🛍	

Liebe Leserinnen und Leser,
vielen Dank, dass Sie sich für einen Titel aus unserer Reihe MERIAN aktiv entschieden haben. Wir freuen uns, Ihre Meinung zu diesem Freizeitführer zu erfahren. Bitte schreiben Sie uns an merian-aktiv@travel-house-media.de, wenn Sie Berichtigungen und Ergänzungen haben – und natürlich auch, wenn Ihnen etwas ganz besonders gefällt.
Alle Angaben in diesem Freizeitführer sind gewissenhaft geprüft. Preise, Öffnungszeiten usw. können sich aber schnell ändern. Für eventuelle Fehler übernimmt der Verlag keine Haftung.

© 2011 TRAVEL HOUSE MEDIA
    GmbH, München
MERIAN ist eine eingetragene Marke der GANSKE VERLAGSGRUPPE.

1. Auflage

TRAVEL HOUSE MEDIA
Postfach 86 03 66
81630 München
merian-aktiv@travel-house-media.de
www.merian.de

Wir danken der Gornergrat Bahn und Daniela Kämpfen (Buchhandlung Wegenerplatz, Brig) für ihre wertvollen Hinweise.

Ein Unternehmen der
GANSKE VERLAGSGRUPPE

PROGRAMMLEITUNG
Dr. Stefan Rieß
KONZEPT UND IDEE
Verónica Reisenegger, Ingra Halder, Andreas Hugle
REDAKTION
Andreas Hugle
LEKTORAT
Kerstin Uhl
SATZ
Cordula Schaaf, München
REIHENGESTALTUNG
bookwise medienproduktion GmbH, München
KARTEN
Gecko-Publishing GmbH
für MERIAN-Kartographie

BEI INTERESSE AN DIGITALEN DATEN AUS DER MERIAN-KARTOGRAPHIE:
kartographie@travel-house-media.de
DRUCK UND BUCHBINDERISCHE VERARBEITUNG
Stürtz Mediendienstleistungen, Würzburg
GEDRUCKT AUF
Eurobulk Papier von der Papier Union

MIX
Papier aus verantwortungsvollen Quellen
FSC® C043954

BILDNACHWEIS

Titelbilder: swiss-image.ch (l/r); A1 PIX/Rainer Binder (m); A1 PIX: Fritz Breig: 66, 108 (l); Rainer Binder: 29; ACVH – Val d'Hérens 77; AKG: 99; Alimdi: Guenter Fischer 113; Norbert Eisele-Hein 98; Artvertise 108 (m); AVTC – Christian Hofmann; Bergbahnen Hohsaas AG 40; Bildagentur Huber: 10, 28; bildagentur-online/Fischer: 111; BilderBox: 12 (r); blickwinkel/L. Koch 106; Blume Bild/blumebild.com: 6 (l); Brig-Belalp Tourismus 37; Dampfbahn Furka-Bergstrecke AG 15; dpa Picture Alliance: 3 (l), 21; Fondation Gianadda 90; Fondation Rilke 61; Fotoagentur AURA 116; Fotolia/Jerome Scalvini 5 (m), 95; Gästecenter Obergoms: Andrea Badrutt: 3 (r), 20; Oliver C. Ritz: 19; Garbely Adventure: 2 (l), 16; Golf-Club Crans-sur-Sierre: 2 (r), 64; Grächen Marketing 44; Grande Dixence SA/essencedesign.com: 80; Hameau de Colombire 63; Heidadorf Visperterminen 38; Jacques Lamon: 5 (l), 67; Jacques Straesslé 11; Jahreszeiten Verlag 89; J. Marguelisch 58; Jonas Morgenthaler: 30, 34, 50, 101; La Dame du Lac 105; Laif: 6 (m); Leukerbad Tourismus 55, 56; Lötschental Tourismus 52; mauritius images: 119; Bahnmüller: 3 (m), 7, 72; Mediacolors: 14; Michael Peuckert/Agentur Focus 32; Michel Martinez 74, 108 (r); Moirenc C./Wallis: 12 (m); Office du Tourisme de Sierre, Salgesch et Environs 60; Office du Tourisme Sierre-Anniviers 65; Parc d'Attractions Le Châtelard 97; Prisma: F1 online: 4 (m), 82, 107; Gerth Roland 68; Pro Natura Zentrum Aletsch 26; Ritz/Zermatt 45; Roland Eberle: 4 (l), 94; Saas-Fee/Saastal Tourismus 41, 43; Schapowalow: G. Fischer: 34; SIME: 6 (r), 42; SD Saillon 5 (r), 84; Tourismus Raron-Niedergesteln 49; vario images: 46, 57, 109; Verbier St. Bernard/Yves Garneau: 4 (r), 13, 86; Verein Urchigs Terbil 39; Wallis Tourismus: 22, 62; alpentipi.ch 54; alpevents.ch 36; bikepark.ch: 12 (l), 102; flug-taxi.ch 23; gornergratbahn.ch 47; nendaz.ch: 78; photo-genic.ch 69; swissvapeur.ch 104; Zermatt Bergbahnen AG: 8; Zermatt Tourismus: 2 (m), 48